仓储管理实战

仓库布局、资源配置、流程设计与项目落地

冯银川◎著

人民邮电出版社

北京

图书在版编目（CIP）数据

仓储管理实战：仓库布局、资源配置、流程设计与
项目落地 / 冯银川著. -- 北京：人民邮电出版社，
2023.8
ISBN 978-7-115-61559-6

Ⅰ．①仓… Ⅱ．①冯… Ⅲ. ①仓库管理 Ⅳ.
①F253

中国国家版本馆CIP数据核字(2023)第062602号

◆ 著　　　冯银川
　　责任编辑　马　霞
　　责任印制　周昇亮

◆ 人民邮电出版社出版发行　　北京市丰台区成寿寺路 11 号
　　邮编　100164　　电子邮件　315@ptpress.com.cn
　　网址　https://www.ptpress.com.cn
　　涿州市般润文化传播有限公司印刷

◆ 开本：700×1000　1/16
　　印张：16.25　　　　　　　　2023 年 8 月第 1 版
　　字数：225 千字　　　　　　2025 年 9 月河北第 8 次印刷

定价：69.80 元

读者服务热线：(010)81055296　印装质量热线：(010)81055316
反盗版热线：(010)81055315

序一

2022年教师节前夕，银川想约我一起聊聊，但因为各种情况，直至节后才得以见面。

银川是天津大学2014级MBA毕业生。我曾经给他们班讲过《运营管理》这门课程，也因为这门课程与其结缘，成为银川的研究生论文导师。在指导其写论文的过程中，我了解到他在一家大型的物流企业工作，有着多年的物流管理实战经验。

论文答辩通过后，银川顺利毕业。之后，虽然我们师生之间的联系不多，但是从其朋友圈中，能看出他一直在不断地成长，跑马拉松，写物流领域的专业文章，做物流项目，讲授仓储实战经验等。

这次见面交流，银川带来了一本总结了其实战经验与思考成果的仓储管理领域的书稿，邀请我为其作序。作为老师，我很欣慰，在我过去带过的众多学生中，不乏有做事的干将，但是把形而下的东西整理成形而上的知识体系，却是一条少有人走的路。同时，我也很心疼和佩服他，听银川说，为了不影响日常的工作和陪伴家人，这本书主要是在每天早上4：30—6：00这个时间段写的，当大多数人还在睡梦中，他已经抖擞精神、奋笔疾书了。

"师者，所以传道授业解惑也"，老师这个角色，并非只有在学校这个圈子才有。任何一个愿意把自己的经验和教训分享出来，并对他人有帮助的人，都可以成为"老师"，我们都在各自的领域用自己所长为社会发光、发热，做出自己应有的贡献！

市面上与仓储管理相关的书籍很多，总体上分为3类。

大学教授的专著侧重于仓储管理知识结构的搭建，内容高度概括，比较系统化，为仓储行业从业者提供了必要的基础理论知识。

实战专家的著作侧重于仓储管理具体活动中的实践，内容专注于当下，实操性强，为仓储行业从业者提供了丰富的实战打法。

研究机构的专著侧重于仓储物流行业宏观政策及发展趋势的解读，内容极具前瞻性，专业性强，为仓储企业提供了更多的发展方向方面的建议。

3 类作者的专著，分别从过去、现在、未来 3 个维度，构建起了立体的仓储管理知识体系。显然，银川写的这本书，属于第二类，比较专注于当下的实战打法。

在过去的几十年教学生涯中，我也曾受邀去过一些企业参观考察，给企业提供咨询方案。我发现，很多企业在仓储运营管理中存在的问题，大部分可以追溯到仓储项目规划阶段，因为项目规划设计考虑的不够周全，给后续的运营管理带来了很多的不便。就像建造一座房子，如果地基和地上框架打不牢，只是靠后期施工过程中不断修正，虽然房子可能勉强使用，但你肯定需要花费大量的精力、财力在房子修缮上。

银川写的这本书，核心就在讲一件事，即如何把仓储业务从无到有搭建起来，也就是他在书中所提及的"项目管理"阶段，恰好弥补了仓储管理在"从 0 到 1"这个过程中缺少参考书籍的遗憾。

书的结构清晰，分别用 4 部分、12 章，系统性地梳理了仓储业务项目管理阶段所用到的技能和方法。对于设计规划和落地执行过程中所能预见的问题和风险点，银川都尽最大可能在书中进行罗列、阐述，以便读者在实操中少走弯路。

我长期从事运营与供应链管理领域的教学科研工作，深知物流专业的教师和学生在学习与实践中面临的挑战，他们受制于自身的角色和环境，很少有机会能深入企业，系统地提升某方面的实战技能。银川的这本书，跟其他物流实战专家的书籍一样，与物流专业的教科书能够形成有效的互补，让教师和学生得以穿越时间和空间的限制，把物流行业垂直领域的知识尽收眼底。

每个物流及相关专业的在校生，不管是准备继续深造还是准备直接就业，大部分人最终还是要进入社会，加入企业，开启自己的职业生涯。这本书可以让你提前建立仓储业务项目管理阶段的知识储备，拓宽认知边界，增加你在职业选择时的胜算概率，同时，如果有幸从事仓储管理相关的工作，这本书又提供了非常好的参考框架。

此次为银川的第一本新书写推荐序，我深感荣幸！感谢你的阅读，以上简短的文字，愿能激发你对此书与作者的兴趣！愿每一位读者都能从书中获益，提升成事能力！也希望银川再接再厉，能打磨出更好的实战书籍以飨读者！

赵道致

天津大学管理与经济学部教授，博士生导师

EMBA 项目主任，原物流与供应链管理系主任

2022 年 9 月 16 日

序二

认识银川是在 2011 年，当时他 24 岁，作为从总部借调的骨干来广州支援新仓储项目的启动。带领着团队从计划开始，一直到项目的落地，在这个过程中，他展示出了与那张"娃娃脸"不符的专业能力及老练作风。

再后来，他自己快速成长，并最终走上了启发他人的道路，开展仓储管理线下讲座，频繁出现在物流沙龙、运联传媒、物流时代周刊等行业传媒，推出了个人公众号"物流川说"和知乎"冯银川"。通过一系列努力，银川逐渐建立起了自己的个人品牌，并吸引了众多物流从业者的关注。

收到为本书作序的邀约，我很欣喜。欣喜于从物流"国家队"走出去的"外运人"，致力于将个人多年积累的仓储管理实战经验提炼成知识体系进行传承，这无疑可以帮助越来越多的物流从业者，也是在用行动彰显"外运人"推动行业发展的家国使命感。

在网络化时代，知识越来越碎片化，信息的获取变得越来越容易。市面上各类项目管理、仓储管理的书籍层出迭见，但真正基于实践经验而形成知识体系的仓储项目管理书籍却很少。

"耳闻之不如目见之，目见之不如足践之"，无论考察作者的个人经历，还是分析本书的呈现方式，都不难发现，这是一本真正"拿起来就用"的实操手册，是不断实践、复盘、提炼后形成的流程、框架和方法论。这是本书最难能可贵之处。

过去，传统仓储物流多以货物分拣、堆垛、打包、派送等业务为主，从业者准入门槛很低。然而，近年来，随着需求升级，国家利好政策接连出台，仓储物流规模化、标准化、产业化转型不断加速，智能设备、智慧仓储逐渐向每个角落渗透，这不仅加大了人才需求，也对从业者提出了更高的能力要求。

有道无术，术尚可求也。有术无道，止于术。翻开这本书，是第一步。

人的一生，很多重要的转折，可能是因为一句话，一件事，一本书。期望通过对本书的学习和实践，我们能够不断优化自己，找到适合自己的职业道路，收获更多精彩！

李德亮

中外运物流有限公司总经理助理

深圳市恒路物流股份有限公司董事长

2022 年 12 月 16 日

前 言

我非常荣幸，也非常激动，能把这本书带到你面前。

从整体来看，仓储是物流与供应链系统的重要节点和调控中心。供应链上游的原材料、包装材料和半成品仓库，提前为生产制造打下了扎实的基础，中游的生产配套成品仓库、分销中心仓库为产品的批量销售做好了各种准备，经销商的仓库、零售商的配送中心仓库，让产品更进一步地接近消费者成为可能。

仓储管理在整个供应链中占据举足轻重的地位，为社会提供了大量的就业机会。现阶段的仓储管理，仍然处于劳动密集型阶段，对人的依赖性很强。

期待此书成为仓库普通员工的一本"武功秘籍"，它将带你提前修炼项目管理的"内功心法"，让你从执行者变成设计者，在职业发展中更有底气。对于仓库管理者而言，这是一本拿起来就能用的技术指导书，在项目管理中可能遇到的大部分问题，你都可以在此书中找到答案。对于物流管理专业的在校生，以及打算转行进入仓储业的物流人来说，这是一本普及读物，能帮你拓展认知边界，提前积累仓储管理方面的知识储备。

01 仓储物流人一路走来

2004 年，我的大学生涯开始了。

大二的寒假期间，学校组织部分学生到郑州当地比较知名的河南思达连锁商业有限公司实习。那时的我性格内向，没选择去门店实习，而是去了公司在新郑市的配送中心仓库，也许是机缘巧合，也许是命中注定，从此我与仓储物流结下了不解之缘！

1.1 在运营管理中扎根

2006 年 11 月 11 日，作为中外运久凌（中国外运久凌储运有限公司，简称"中外运久凌"）的校招生，我跟十几个同学一起奔赴位于成都市青白江区由四川中外运久运物流有限公司管理的宝洁分销中心西南区域仓库实习。

同年 12 月，我回到天津，正式加入中外运久凌中标的宝洁天津分销中心仓库项目组。在这期间，我经历了项目管理和运营管理两个阶段，从仓管员、仓库组长、仓库主管助理、仓库主管，一直做到仓库副经理。

2009 年上半年，二期仓库（一期仓库面积为 48000 平方米，二期仓库面积为 35000 平方米，总计 83000 平方米）建成，我加入项目管理团队，参与二期项目启动及一期、二期业务整合工作。

2009 年第三季度，公司承接壳牌天津分销中心仓库业务，我于 9 月被任命为项目运营团队负责人。项目组驻外，除了日常的运作管理之外，我还要负责其他各项事务性工作。在仓库硬件存在"先天不足"的条件下，我带领团队提质增效。虽困难重重，压力巨大，但我们未曾懈怠，始终全力以赴。

1.2 在项目管理中磨炼

2010 年第三季度末，我被总部借调，跟两位领导共同参与中外运久凌上海分公司"联想项目"的优化工作。通过实地调研、高频次的会议交流，我在半个月的时间内提交了优化方案，提前完成任务，获得总部及上海分公司的一致认可。

2011 年第一季度末，我被总部借调，跟总部的领导共同参与中外运久凌广州分公司"宝洁促销品三期项目启动和一、二、三期项目的业务整合"工作。从仓库的布局规划、流程设计、组织结构搭建，到后期各项工作的落地执行，我全程参与。

2011 年 5 月，我协助总部市场团队为"中粮可口可乐北京厂内成品仓"项目设计优化方案。

2011 年 6 月，中外运久凌天津分公司中标北京宝洁洗衣粉工厂厂内物流业务项目，服务范围涵盖原材料仓、包装材料仓、半成品仓、成品仓的仓储管理，我被任命为项目经理，主导启动厂内物流业务，并于项目管理结束后，用半年时间培养仓库经理（原壳牌业务的仓库主管）。

2012 年第二季度，中外运久凌天津分公司中标宝洁天津客户化包装厂项目，该厂生产的产品主要为促销装和捆绑装两种，我被任命为项目经理，主导启动客户化包装业务。在此期间，除了要做仓储相关的规划和使规划落地之外，我还要把更多的精力放在生产环节上，比如，包装车间的布局规划、包装设备选型与采购、包装车间的环境改造（地面处理、增加新风设备）、包装流程编写等。

2013 年，我代表公司，从拿地到仓库建成，全程参与中外运物流投资控股公司在天津建立的高标准立体仓库项目。该立体仓库占地 10 万平方米，其中仓库面积为 6 万平方米。同时我就过去在仓库管理中遇到的仓库硬件方面的缺陷同设计院探讨，以求在设计阶段规避以后可能出现的问题。

2015 年第一季度，我参与新建物流中心办公区域的布局设计、装修布置等，并组建团队全面推进仓库的招商工作。

1.3 构建仓储知识体系

2018 年第四季度，我离开中外运久凌，转而研发仓储实战课程，助力中小企业的仓储人员提升仓储管理能力。

我的原创课程"仓储管理实战：从 0 到 1"得到了市场的广泛认可，线下学员来自安正时尚集团、长春中之杰、东莞榴芒一刻、福源工贸、广东乐禾冷链、广州中捆物流、湖北丝宝集团、联塑管业、每日一淘、密尔克卫、南华物流、三胖蛋瓜子、泰达集团、天津交通职业学院、拓领物流、万华化学、卫龙食品、皖新供应链、鑫方盛、鲜境电子、中信外包、中国外运、中通冷链、郑州光影等几十家企业。

我主要通过 4 个方面为企业和物流人助力，包括线下课程（公开课及企业内训）、线上课程、仓储物流咨询、仓储图书出版。

02 仓储管理的 2 个阶段

供应链上的任何一个节点想顺利运转，只要涉及仓储管理活动，都必然要经历 2 个阶段。

第一个阶段，项目启动后，包括布局规划、组织结构搭建、流程设计和落地执行，是一个"从无到有"的过程，我们将其称为"项目管理"阶段。

第二个阶段，项目结束后，仓储业务开始正常运转，也就是我们所熟知的入仓（收货）、在库管理、出仓（发货）等。在这个阶段，仓储业务要经历一个"从有到优"的过程，我们将这个过程称为"运营管理"阶段。

运营管理阶段人们遇到的大部分问题，都是设计阶段留下的隐患。

规划设计环节考虑不到位会造成很多"不可逆"的操作，而这又会导致为了降低风险和损失，企业在运营管理阶段不停地"擦屁股"。每逢此时，莫名的酸楚就会涌上仓库经理的心头。

比如，生产线下线的成品的特点是品种少、大批量，但是仓库内安装的是横梁式货架，每个排位只能存储一盘，且仓库的面积被大量的叉车通道占用。开仓还不到半年，就出现了爆仓。作为仓库的管理者，你很清楚，跟成品配套的应该是高密度存储货架。但是，你又很无奈，毕竟推倒重建的可能性几乎为零……

比如，在高台仓库中，无论是使用叉车还是工人装卸车作业，都应该是很方便的。然而，由于仓库月台前方的停车通道是下沉式的，这导致车辆停靠以后，车头位置比车尾高，每次装完车后往前提车就会出现货物倾倒的情况。运营团队不得不想各种办法来解决此问题，这无疑会增加成本。作为仓库的管理者，你很清楚，水平的停车通道才是符合百货类产品装卸要求的，但是，你只能双手一摊，毕竟刚开仓就搬仓，这就跟开玩笑似的……

国家"十四五"规划特别强调，要提升产业链、供应链的现代化水平。仓储物流企业想响应国家战略规划，就不能只对现有的仓储设施进行改造。这无非是"小打小闹""缝缝补补"，无法从根本上解决问题。

最好的方式应该是在仓储业务的项目管理阶段就植入先进的理念、引进智能化的设施设备、让更懂仓储项目管理的人去做启动工作，这样就能一步到位。

03　开卷有益的 3 类人

如果你是希望在仓储物流领域有所发展的普通员工，是仓储业务的管理者，或者是物流管理专业的在校生及转行进入仓储行业的物流人，这本书也许能向你提供一些帮助。

3.1　仓库普通员工

大多数进入仓储物流领域的人员，都要从基层岗位做起，如仓管员、叉车司机、拣货员等，作为作业流程中的某个或者某几个环节的操作者。你几乎不需要动脑子，按照流程的指引去做，大概率就能把这份工作做好。但相信有很多伙伴会跟当年的我一样，不甘心只做职场中的螺丝钉，想在仓储物流领域深耕，通过自己的努力有所建树。

如果你的职业生涯规划是，在部门或者项目内部沿着垂直方向晋升，那你一定会产生这样的困扰：前行的路上不但遇到的机会少，而且竞争压力很大。这也是仓储业务组织结构中的典型特点，基层操作岗位的人数占整个团队人数的 80% 以上。基层管理岗位和中层管理岗位属于"一个萝卜一个坑"。只要管理岗位没有人员的流动，基层操作岗位上的人就没有什么晋升的机会。怎么办，是"躺平"还是另寻出路？

大多数有想法的人会选择另寻出路，而且，希望在下一份工作中，企业给出的职位比上一份工作的高，也就是希望通过跳槽来实现职位的跃迁。

这种期望当然是美好的，但并不容易实现，招聘企业一定会关注你过去是否有相关的工作经验，能不能拿来就用得上。换句话说，你凭什么让招聘企业为你开出高价？

基层操作岗位上的人不能只做职场中的螺丝钉，必须想办法提升自身仓储管理方面的相关知识和工作技能。这样，当机会来临的时候，你才能够抓住机会、实现晋升。所谓的"另寻出路"，除了跳槽之外，你还可以着眼于企业内部那些新启动的仓储项目。在这些新项目的项目管理阶段，企业在给未来的运营团队配置骨干人员时，都会首先从企业其他业务部门或者其他项目中选拔有能力的人员，其次才是社招。

快速获取知识的方式，除了"事上练"，还可以从"书中学"。仓库普通员工可以把此书当作"武功秘籍"，知其然更要知其所以然，打通是什么和为什么之间的"任督二脉"，修炼项目管理的"内功心法"，从而在职场中更有底气！

3.2 仓库管理者

对于即将启动的仓储项目，大部分企业通常是直接从当前在运营的项目中抽调一位仓库经理来负责。新仓储项目能否成功启动与项目经理有直接的关系。但那些在原有仓储项目管理中表现得很优秀的仓库经理，在新仓储项目的启动中往往表现平平。

大部分的仓库经理都是从基层操作岗位或者基层管理岗位一步步晋升上来的，这就意味着，这些人员并未全程经历目前所负责的仓储项目的启动过程。

要知道，"打江山"和"坐江山"其底层的操作逻辑是不一样的。"打江山"是从无到有，而"坐江山"是从有到优。仓库经理工作的重点在于，保持现有业务的稳定，然后，在稳定的基础上进行一些创新和提升。

项目经理则不同，租赁仓储场地、设计货物布局、采购或者租赁物流设备、设计组织结构、招聘人员、编写操作流程、装修布置场地等，这些工作都需要由项目经理来整体组织协调。在项目管理过程中，项目经理还要做好目标管理、时间管理、成本管理等。一位擅长"坐江山"的仓库经理相比之下就缺失很多东西，他没有更多的经验和资料可资参考，让自己在项目推进过程中少走一些弯路。

对于仓库管理者，如果你被任命为新仓储项目在项目管理阶段的负责人，你可以把此书当作技术指导书，哪里不会看哪里！

3.3 物流专业学生及其他转行者

对于物流管理专业的在校生，以及打算从物流其他细分领域转行从事仓储工作的物流人而言，仓储管理属于陌生领域。

物流管理专业属于管理学的范畴。教科书给在校生提供了很多的视角，让他们对物流行业有了比较全面的了解。不过，其中的很多知识点高度概括、学术性较强，不容易理解，而且部分内容学习起来相对比较枯燥。

物流行业的细分领域较多，虽然相互之间有联系，但每个领域所需要具备的知识和能力相对而言比较独立。因此侧重点不同，做法也不同。

物流管理专业的在校生以及转行从事仓储管理工作的物流人可以把此书当作课外读物，以拓展认知边界，提前积累仓储管理方面的知识储备。

04　实战攻略的 4 个部分

本书系统介绍了仓储业务从规划设计到项目落地的全过程，共分为 4 部分 12 章，力求涵盖仓储业务"从无到有"的整个过程所涉及的基本概念与关键技术。

4.1 项目篇

项目篇首先介绍项目和项目管理的定义、特点、理念、方法，结合项目管理的 5 个阶段——项目启动、制订计划、项目执行、项目监控、项目收尾，介绍仓储业务中的项目管理重点，包括如何有效推进项目管理，如何应对可能出现的问题等。

4.2 规划篇

规划篇着重介绍仓储项目管理中需要重点关注的仓库布局规划、组织结构搭建、作业流程设计三大方面，分别对应解决未来仓库运营管理中的 3 个主要问题，即货物在仓库中如何存储、人员队伍如何搭建、仓库业务如何操作。

4.3 落地篇

落地篇介绍如何组织各种资源（场地、人员、设备），使规划方案精准落地，将仓储项目从无到有地建立起来，包括供应商考察、筛选与评估，场地交接、装修与布置，人员招聘、培训与后勤保障，系统开发、测试与维护，货物搬仓、收货与发货等内容。

4.4 科技篇

科技篇介绍近几年在仓储物流领域涌现出的先进理念及智能化设施设备，帮助你在仓储项目管理阶段就植入科技的"基因"。传统物流企业必须借助科技的力量，从劳动密集型向大数据及技术驱动下的智能仓储转型升级。

谢谢你的阅读，接下来，请接受我的正式邀请，从项目统筹、布局规划、结构搭建、流程设计到各项工作的落地执行，和我一起把仓储项目"从无到有"地搭建起来，创造属于你的伟大的作品！

冯银川

目 录

第 2 部分　规划篇

第 3 部分　落地篇 115

第1部分
项目篇

　　仓储业务"从无到有"的过程属于典型的项目管理的范畴。项目管理领域有着大量的研究成果和案例，借助项目管理的方法论，结合仓储管理的理论体系及实战经验，我们可以让整个仓储项目的推动过程更科学、更有条理、更有利于目标的实现。

　　项目篇首先介绍项目和项目管理的定义、特点、理念、方法，结合项目管理的5个阶段——项目启动、制订计划、项目执行、项目监控、项目收尾，介绍仓储业务中的项目管理重点，包括如何有效推进项目管理，如何应对可能出现的问题等。

第1章

▼

什么是项目及项目管理

对大多数仓储物流领域的从业者而言，项目这个概念是比较陌生的，因为只有很少一部分人会亲历仓储业务的项目启动过程。有一部分第三方物流企业的从业人员，习惯把某个客户的合同物流业务称为××项目，但此项目非彼项目。

本章我们就从项目的定义谈起，帮助大家建立对项目的基础认知，理解项目与操作的区别，了解项目的3条边界，再进一步介绍项目管理的定义及特点、相应的硬技巧与软技巧，以及导致项目管理成功或者失败的主要因素。

1

1.1 项目的定义及特点

1.1.1 项目的定义

项目是为创造独特的产品、服务或成果而进行的临时性工作[1]。换句话说，项目是指在规定时间内必须完成的，有明确目标的一系列相关工作，可创造或者提供一种独特的产品、服务或结果。项目侧重于过程，是一个动态的概念。

我们的生活和工作中有很多项目，比如，建造一座大楼、装修一套房子、筹备一场婚礼、准备一次考试、开发一种产品、建设一条公路、改进一个业务流程等。其实，写一本书也是一个项目。

1.1.2 项目的特点

（1）一次性，有始有终。

项目不是重复性的，而是临时性的，有明确的开始时间和结束时间。比如，甲方将仓储业务外包给了第三方物流企业，对于项目经理来说，所有的准备都是为了仓储业务能如期运作。

（2）实现某个具体的目标。

开展项目的目的就是实现某个具体的目标。目标指的是在做了一系列事情后所指向的结果，如要达到的目的、要取得的成果、要生产的产品、要提供的服务等。

（3）可交付成果具有独特性。

在项目的某一过程、阶段或者项目完成时，项目必须产出独特并可以核实的产品、成果或者服务的能力。这个可交付成果，可以是有形的，也可以是无形的。

（4）项目受到一些约束。

项目的开展并不是随心所欲的，而是受到一些约束。比如，项目存在截止时间，到期必须交付，也受资金预算限制，不可能让你"随便花"。

（5）项目是由人执行的。

项目的推进主要靠人，可能是一个人，也可能是一群人。

（6）经常跨越组织边界。

项目通常是临时性的，因此，在执行过程中，往往涉及跨部门协调沟通。比如，在新的仓储项目启动中，人员的招聘需要人力资源部门的配合，资金的申请及费用的报销需要财务部门的配合。

（7）不可挽回性。

项目的推进过程是渐进的，并且项目在推进过程中存在各种潜在的风险，不像有些事情可以先试着做一做，失败了就重来，因此具有不可挽回性。比如，仓储项目启动时，如果你在货架安装完以后才发现布局设计上存在缺陷，几乎不可能把货架拆掉重新安装。

（8）可通过计划和控制来防止失败。

为了确保项目在规定的时间内完成，我们需要明确将大目标拆分成多少个小目标，每个小目标由谁负责，什么时候开始，什么时候完成，定期对小目标的完成情况进行回顾，发现问题，立即整改。如果所有的小目标都能在规定的时间内完成，大目标也就顺其自然地完成了。

1.2 区分项目与操作

1.2.1 从无到有与从有到优

项目与日常的操作（或者运作）有着本质的区别。项目具有临时性和唯一性，达成目标就关闭。而操作具有连续性和重复性，需要持续进行以保持业务运作。

第三方物流企业中标仓储业务后，把投标方案落地的过程就属于项目，需要安排项目团队负责。项目完成后，项目团队就要解散，项目强调的是"从无到有"的过程。

从开仓运作一直到仓储业务合同的终止，这个过程需要由仓储业务的运作团队负责，操作强调的是"从有到优"的过程。

为了便于大家更好地理解项目与操作，表 1-1 罗列出了项目与操作的区别。

表 1-1　项目与操作的区别

维度	项目	操作
目的	特殊	常规
时间	短	长
责任人	项目经理	部门经理
持续性	一次性	连续性
管理部门	临时组织	具体部门
考核指标	目标导向	效率
需求资源	多样性	稳定性
属性	独特性	普遍性

1.2.2 项目的 3 条边界：时间、成本、范围

项目管理绝不是项目经理按照自己的个人意志，想怎么做就怎么做，项目经理只能在一定的边界范围内做事。影响项目目标达成的因素有很多，但最重要的是时间、成本和范围，它们共同影响项目的质量。

对于项目发起人或者投资人而言，他们总希望用最短的时间、最低的成本，来达成最大的项目范围。项目管理就是在时间、成本、范围之间找到一个平衡点，以尽可能使项目干系人（相关人员）都能相对满意。超出这 3 条边界，轻则导致项目目标出现偏差，重则导致项目非正常关闭。

1. 时间边界

时间边界就是规定项目需要多长时间完成，或者规定项目在某个具体日期前完成。这涉及多个因素，如完成项目目标涉及多少活动，各活动在时间上的要求，各活动在时间安排上的先后顺序，项目应该如何推进，当项目的实际进度与计划存在差异时，如何重新调整以保证项目按期完成等。

在项目管理中，项目经理可以使用甘特图来管理。甘特图也称条状图，是 1917 年由亨利·甘特开发的，甘特图的横轴表示时间，纵轴表示项目的活动。它能非常直观地显示每项活动计划在什么时间进行，以及实际进行到了什么程度。

在实际操作中，项目经理需要将项目的大任务拆分成一系列更方便管理的小任务，然后将这些小任务排好顺序并连接好，确定每个小任务的完成时间（或者所需要的时长），再将其分配给项目组的成员。

2. 成本边界

项目管理的核心工作就是整合各种资源来达成目标，而各种资源都是有价的，即成本。对于仓储项目管理阶段来说，成本包含三大类：场地成本、人力成本和设备成本。

场地成本：自建仓库，涉及仓库的固定资产折旧费用；外部租赁，涉及租金、物业费，以及仓库的装修改造费用。

人力成本：自有员工，涉及人员的工资、福利、保险等人工成本；劳务外包，涉及交易成本。

设备成本：购买设备（存储设备，如货架；搬运设备，如叉车），涉及设备的购买费用（在财务上以固定资产折旧费用体现）、设备的维修保养费用等；租赁设备，涉及设备租金及设备的维修保养费用。

项目成本通常用花费多少资金来衡量，项目经理关键是通过成本核算，让项目干系人了解在当前的成本约束下，所能达成的项目范围及时间要求。想要让项目范围与时间要求发生变化，就会产生成本变化，最终决定是否变更项目的范围、改变项目的"进度"，或者追加项目的投资。

3. 范围边界

作为项目经理，首先必须搞清楚项目的目标，准确把握项目发起人期望通过项目获得什么样的产品或服务。关于项目的范围边界，项目经理很容易忽视项目的商业目标，而偏向于达成技术目标（比如高标准的货架仓库与平面仓库相比，确实看上去更高级，效率也更高，但是成本也随之增加了），导致项目最终结果与项目发起人的期望之间存在差异。

项目的范围可能会随着项目的进展而发生变化（比如在项目管理阶段，客户增加了新的业务需求），从而与时间和成本等约束条件之间产生冲突，因此面对项目的范围边界时，项目经理应当做好项目范围的变更管理。

项目经理在做项目范围的变更管理时，不要走极端，既要避免无原则地变更项目范围，也要平衡时间与成本，在取得项目干系人的一致同意的情况下，合理地按程序变更项目范围。

1.3 什么是项目管理

1.3.1 项目管理的定义及特点

项目管理属于管理学科的一个分支，指的是在有限的资源条件下，将知识、技能、工具与技术应用于项目活动，以满足项目的需求 [2]。

从项目管理的定义中，我们可以看到项目管理具有如下关键点。

1. 有限的资源

项目管理是在有限的资源条件下，去完成一个具体的任务，而不是使用无尽的资源。还记得前面我们说过的 3 条边界吗？时间边界、成本边界和范围边界。因此，如果一个项目发起人给你安排一个任务，但是没有明确说明截止时间，那就不算是项目，当然也就没有管理的必要了。

2. 科学的方法

科学指的就是，借助专门的知识、技能、工具，并结合项目经理在实战中总结出来的经验，找出最优的方法。对于项目经理而言，想要成功地启动项目，需要三大部分的知识：项目知识、管理知识和仓储知识。

3. 简单的逻辑

大道至简，再复杂的任务，都需要项目经理化繁为简，明确完成此项任务所需要的时间、将最终任务拆分成若干个小任务、找到关键的小任务及关键的时间点，安排合适的人去完成关键任务。

1.3.2 项目管理的硬技巧

项目经理在接到项目以后，要对项目按照项目生命周期进行分解，包括项目启动、制订计划、项目执行、项目监控、项目收尾。

项目启动时，项目经理要弄清楚需求是什么、成功的标准是什么，做好风险识别和预案。接下来，就进入了制订计划的过程，之后是项目执行，并对项目执行的过程进行监控，确保项目"不跑偏"。在这里面，制订计划和项目执行是一个内循环，之所以称为循环，是因为整个项目执行的过程都有项目监控的参与，最后是项目收尾。

按照往常的思维，我们可能会存在这样的疑惑，为什么这里面会有制订计划和项目执行的内循环？因为几乎没有任何一个项目能做到执行过程完全按照计划。也就是说，在项目执行过程中，存在这样或者那样的"意外"，这里的"意外"来自两方面。

1. 执行偏差

项目执行过程中，可能会因为执行人员个人原因或者外部环境原因，导致不能如期完成任务，从而影响项目里程碑事件的完成。那么，项目经理就需要考虑是否需要增加资源，或者延长工作时间来确保完成。

比如，假设仓储项目的规划中需要用到进口的搬运设备——叉车，但是因为设备的出口国（地区）发生了一些情况，供应商不能如期供货，那么，想要保证如期开仓，就需要与叉车供应商商谈，让其提供备选设备，或者从其他供应商那里临时租赁。

2. 新增需求

在项目启动过程中，如果接到了项目发起人提出的新需求，项目经理就需要将新的需求加入原有计划，并安排合适的人来负责。

如果在计划前期做好各种预判与准备，制订计划和项目执行之间实际上不会存在内循环。之所以不断进行内循环，大概率是我们没有做好风险的识别和预案管理。那些管理得比较好的项目，通常制订计划和项目执行的内循环也就只有几次，而且大多数时候都是对计划进行微调后就进入项目收尾阶段。

1.3.3 项目管理的软技巧

对项目生命周期的管理属于项目管理的硬技巧，所有项目的启动都会涉及这 5 个阶段，只不过不同项目中每个阶段所需要的时间不同罢了。因此，即使是一个新手，在学习了项目管理的知识后，也是可以结合工作和生活中的项目"照葫芦画瓢"操练起来的。比如，要准备一场考试、策划一场活动，你就可以结合项目生命周期来管理。

大型项目管理往往涉及的人员比较多，需要调动多方面的资源、进行跨部门的沟通等，大型项目的经理就需要有非常强的"内功"，也就是"软技巧"，比如领导能力、团队建设能力、训练能力、冲突解决能力、跨部门沟通协调能力等。因此，对于大型的仓储项目，如果要从公司内部选择项目经理，至少应该从仓储业务的运营经理这个层级进行选择。

项目管理的软技巧可简单拆解为以下两个方面。

1. 领导能力

我们先看一下项目管理的特点，即项目管理是在有限的资源条件下，完成一次性的任务，实现或者超过设定的需求和期望。那么，如何在有限的时间、有限的预算条件下完成任务呢？对于项目经理而言，就是充分利用客观条件，提高团队的整体效率。

也就是说，项目经理的主要工作是提高团队的整体效率，而不是提高个人的效率，项目经理应该是帅才，不是将才。帅才能统率全军、善于分解任务并留有余地以预防突发事件的发生，而且沟通能力强。

2. 冲突解决能力

仓储项目涉及很多方面的工作，这些工作都需要人来完成，有些人是专职人员，而有些人是兼职人员，除了参与项目，还要兼顾自己本身的工作。比如，人事和行政等人员，很难避免项目与自己本身的工作之间不发生任何冲突，这时项目经理就要具备冲突解决能力。

Thomas-Kilmann 冲突模型[3]是世界领先的冲突解决方法，它从坚持度和合作两个方面出发，划分了 5 种常见的冲突处理方式：竞争、回避、退让、妥协和合作，如图 1-1 所示。

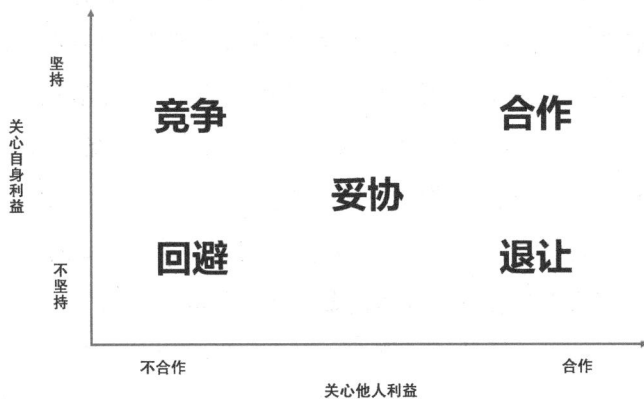

图 1-1　Thomas-Kilmann 冲突模型

结合项目经理和其他项目成员之间的冲突，我们可对 Thomas-Kilmann 冲突模型简要地做以下解释。

竞争，即高度坚持且不合作。项目经理发挥其权力，对其他项目成员的任务安排具有强迫性、不可抗拒性。这可以快速地解决问题，但是解决问题的效果是最差的。因此，除非遇到紧急情况，其他情况下尽量不用这种冲突处理方式。

回避，即不坚持也不合作，指的是项目经理从实际或者潜在的冲突中退出，将问题推迟到自己做好充分准备的时候解决，或者推给其他人，或者干脆睁一只眼闭一只眼，希望随着时间的流逝问题自行消失。这种冲突处理方式既不能解决问题，也改善不了人际关系。

退让，即不坚持且保持合作，指项目经理愿意把其他项目成员的要求和利益放在自己的要求和利益之上，做出自我牺牲，使其他项目成员达到目标，从而维持相互友好的关系。

妥协，即中等程度的合作、中等程度的坚持，是指双方都做出让步，都让出一部分的利益，同时保留一部分的利益。使用该冲突处理方式时，没有赢家和输家，大家共同承担了冲突的代价。

合作，即高度坚持且高度合作，指的是听取各方的意见、找到冲突的根源，协调各方，尽可能地使各方的利益最大化，最终达成共识。不过采用这种冲突处理方式需要项目经理投入的时间和精力比较多。

1.4 项目成功或者失败的因素

1.4.1 项目的目标、范围是否明确

项目目标的确定需要搞清楚 Why（为什么做这个项目）、How（通过什么方法）、When（在什么时间之前），以及 What（实现什么目标）。

生活中存在各种项目，比如减肥，减肥的目标能不能实现，你可以用上面的模型来套，看看能不能用一句话把项目说清楚。有人的目标是这么定的，为了变得更瘦（Why），通过跑步的方式（How），在 7 天内（When），实现体重下降 7.5 千克的目标（What）。

这种目标大概率是实现不了的，因为这里用到的手段不科学，对于长时间没跑步的人，连续跑一两天，身体就会吃不消，而这"多"出来的 7.5 千克的体重是日积月累起来的，那么减掉它也需要一些时间，而且运动是循序渐进的过程。

1.4.2 是否获得领导的积极支持

在仓储项目管理阶段，项目经理都是被领导临时"任命"的，而这里的领导就是项目发起人。项目都是在资源有限的条件下不断往前推进的，企业除了启动新的项目，还要维持其他原有项目的正常运行，甚至同期可能会有其他新项目也在启动过程中。

很多时候，项目经理都在争取"有限的资源"，能否获得领导的积极支持就显得至关重要了，包括领导的注意力。

比如，仓储项目推进过程中需要人力资源部协助招聘相关人员。人力资源部是服务于整个企业的，大型企业的人力资源部几乎每天都在招人，如何让人力资源部把你的需求放到第一优先级？项目经理跟人力资源部的部门经理属于平级，甚至在有些公司要低一级，如果你获得了领导的积极支持，可能就是领导一句话的事儿，你的需求的优先级就提高了。

1.4.3 项目小组成员的权责是否清楚

大多数情况下的项目管理，都是需要团队作战的，也就是要成立专门的临时组织——项目小组，有些成员是专职成员，有些是兼职成员。不管是哪种成员，在这个项目小组中，都要明确每个成员所扮演的角色，以及主要的工作内容。

特别需要提醒的是，我们需要因岗选人，也就是根据工作要求，选择合适的人加入项目小组。一定要避免的是，从公司的角度看现阶段哪个岗位上有闲置的人员或者工作不太饱和的人员，就把其安排进项目小组，这样就太随意了。项目启动的过程就像是打仗，想要打胜仗，团队成员一定得是一群"勇士"，而不是"老弱病残"。

另外，检验项目小组成员的权责是否清楚的一个重要标准就是，在项目推进的过程中，是否经常出现扯皮的情况。如果出现扯皮的情况，除了个人的因素外，我们一定要检验项目小组成员的权责是否划分清楚。

1.4.4　是否选择了合适的项目经理来负责项目的启动

项目经理是整个仓储项目的"灵魂"，是组织结构中非常重要的角色。项目经理既要会用项目管理工具，又要带过团队，做过仓储运营管理；既要懂得分解任务、分配任务，又要跟进任务确保其在规定时间内完成；既要向上管理，从项目发起人那里获得更多的资源和支持，又要向下负责，给项目小组成员更多的帮助，打造积极、良好的合作氛围……

项目经理对项目的成败起着至关重要的作用，因此，对于项目发起人而言，选择合适的项目经理是重中之重。如果现有的企业队伍中没有合适的人选，绝不能"瘸子里挑将军"凑合着用，要"合适"而非"凑合"！

如果是集团公司的某个下属企业，那么，项目发起人可以考虑通过上级的统筹安排，在集团公司内临时借调合适的人员，等项目结束，支付一定的报酬"还回去"即可。如果内部没有合适的人选，最好的办法就是从外部招聘。

都说"失败是成功之母"，但是在挑选项目经理时，项目发起人要相信，"成功才是成功之母"，那些做过且做成了的项目经理都经历过完整的项目生命周期，他们的很多经验是可以拿来直接应用在新的项目管理中的。

第2章

▼

项目生命周期的 5 个阶段

  项目从开始到结束，要经过一个完整的生命周期。每个阶段对项目的影响是不同的：人力和费用的投入在项目启动时最少，在项目执行期间最多，在项目收尾时迅速回落；风险和不确定性会随着项目生命周期每个阶段的展开而逐渐减少，成功率随之增加；变更项目范围所需付出的代价，会随着项目的推进变得越来越大。

  本章我们就结合项目生命周期的 5 个阶段，即项目启动—制订计划—项目执行—项目监控—项目收尾，分别讲解每个阶段所要关注的重点工作。项目管理是面向过程的管理，只有每个阶段的过程都管理到位，才能确保整个项目的顺利进行，最终实现项目目标。

2

2.1 项目启动

2.1.1 如何确认需求

项目发起人找到合适的项目经理人选后，项目经理要做的第一件事情就是与项目发起人确认需求，了解项目发起人对项目的目标和期望。

如果项目经理所在的是第三方物流企业，新的仓储项目是甲方外包的，那么项目经理除了跟所在企业内部的领导确认需求之外，还要跟甲方的物流团队的负责人进行需求确认。关于确认需求有几点建议。

1. 准备

甲方外包业务时通常以招标的形式选择合格的仓储物流供应商。物流企业参与投标时会由专门的市场团队负责拆解招标文件、测算价格、编写方案、进行多轮次的议价和修改方案等。因此，物流企业中标以后，意味着甲方对物流企业提出的商务价格和技术方案是认同的，双方签订正式合同后，仓储项目才能正常启动。基于这个前提，项目经理要做的准备就比较清楚了。

资料。项目经理应先找到市场团队了解这个项目的前后过程，尤其是要研究招标文件（甲方的大部分需求都写在里面）、技术方案和商务价格。如果你要约见的是甲方的物流团队的负责人，市场团队的负责人恰好在招标环节与他打过交道，那么，最好提前通过市场团队的负责人了解对方，避免在沟通过程中"踩雷"。

时间。项目经理了解了相关负责人的信息，以及仓储项目的背景以后，就可以预约甲方物流团队的负责人了。预约的形式有很多，常用的是电话预约和邮件预约。如果采用电话预约，想要提高预约成功率，项目经理应尽量避免在通话过程中进行开放式提问，而是让对方"二选一"，比如问对方"下周哪天有时间"，就不如问对方"下周二上午和下周三上午"哪个时间段有空更有效。

着装。项目经理可找市场团队的负责人取经，了解之前他与甲方物流团队的负责人见面时对方的着装，是穿工作服、休闲装还是其他。如果对方穿的是工作服，那么，项目经理也应穿工作服，不然可能会引起对方的不适。另外，除非对方所在企业是做运动服饰的，否则，项目经理一定避免穿着运动服饰去见对方，那样会显得太随意，让对方觉得自己很不专业。

2. 面谈

项目经理在赴约时，尽量带一个同事作为临时助手，协助自己做一些记录（项目经理一边交流一边记录的效率较低，而且太占用对方的时间），如果实在抽调不出来人，那么，一定要在告知合作方的前提下，对接下来的交流过程进行录音。

在交流过程中，项目经理要了解甲方物流团队的负责人对于仓储项目的期望，以及对项目管理阶段的建议、所关心的关键指标等。对于甲方表述的内容，如果项目经理不太清楚，那么一定要往下追问。当然，追问也是要注意方法的，比如可以先表达自己对对方所讲的内容的理解，然后问对方"我这么理解对不对"，而不能简单粗暴地问"你刚刚说的是什么意思"。总之，项目经理要把对方的需求搞清楚。

3. 汇报

面谈结束，项目经理回到公司以后，应先对面谈的内容进行梳理，然后找项目发起人反馈。大型仓储项目的发起人，通常至少是副总经理或者总经理助理。

项目经理应向项目发起人汇报自己跟甲方物流团队的负责人交流的主要内容，以及对方提出的要求，尤其是对方重点关注的内容，与合同内容或者最初的招标文件要求有出入的需求，一定要做好请示。因为这些需求很有可能会造成成本的增加，必要的话，公司的市场团队还需要跟甲方重新谈判。

同时，项目经理应听取项目发起人对仓储项目的目标和期望，比如时间、成本和质量，以及能够提供哪些支持。如果时间充裕，项目经理最好再进一步了解公司为什么接手这个仓储项目，也就是这个仓储项目对于公司的意义。

如果项目经理所在的企业是甲方（生产型或者贸易型企业），新启动的仓储项目未来由企业自营，那么应直接找所在企业的项目发起人确认需求。

2.1.2 如何拆分项目目标

对项目目标进行拆分，我们需要用到工作分解技术（Work Breakdown Structure，WBS），它是项目管理中的核心思维方法和工具之一，是指项目团队为实现项目目标、获得所需可交付成果而对全部工作范围实施层级分解，将项目目标细分为一个个小的任务单元。

我们把每一个小的任务单元如期完成，大目标自然也就完成了。如果用一句话来介绍，WBS 就是将项目化大为小、化难为易、化繁为简的有力工具。拆分项目目标时需要注意以下几点。

1. 分解逻辑

仓储项目目标的拆分，是存在一定逻辑的，常用的主要有以下两种。

按流程逻辑分解。比如，启动一个仓储项目，那这个项目就主要分解为设计和落地两大环节，设计环节应包括货物布局设计、组织结构设计和作业流程设计；落地环节应涵盖供应商考察、筛选与评估，场地交接、装修与布置，人员招聘、培训与保障，系统开发、测试与维护，货物搬仓、收货与发运。以上就完成了第一层的分解，再往下分解，以仓库布局设计为例，可以分为仓库区域规划、基础信息准备等。

按工作模块分解。我们可以采用制造业人员常使用的"人机料法环"的理念，将仓储项目管理的目标按模块分为人员、设备、物料、流程和制度、场地。各模块又可拆分如下。

人员模块，应该包括组织结构设计、人员招聘、培训、保障等；设备模块，应该包括确定设备的需求、采购或者租赁设备、设备的进场、安装与调试等；物料模块，应该包括仓储运营管理涉及的物料类目及数量、物料的采购与验收等；流程和制度模块，应该包括设计标准化作业流程体系以及仓库管理的制度体系；场地模块，应该包括寻找合适的仓储场地、场地布局设计、场地的装修与布置等。

前面介绍的这两种分解逻辑，大家结合自身的情况活学活用即可。

2. 实施步骤

第一，检查目标。项目经理要检查项目的目标是否清晰，这是分解目标的大前提。检查目标可参考 SMART 原则，即明确性、可量化、可实现、相关联、时效性。

第二，召集会议。项目经理邀请项目所有的干系人及仓储项目启动过程中涉及的各领域的"专家"开展会议。在企业内部，这些"专家"通常是各个部门的负责人，如果部门的一把手是"务虚"（抓全局）的，那么最好把部门内"务实"（抓具体的运营）的二把手也带上，另外，如果会议场地允许，最好把仓储项目中各岗位的技能标兵也邀请到。

第三，分解目标。会议开始，项目经理先给大家分享仓储项目启动的背景介绍，以及项目的目标，然后采用头脑风暴法逐层拆分目标。在开展头脑风暴的过程中，与会人员应遵循以下原则：自由畅谈、限时限人、延迟评判、禁止批评、以量求质等。

这里再介绍一个工具——MECE（Mutually Exclusive Collectively Exhaustive）分析法[4]，中文意思是"相互独立，完全穷尽"，具体是指将一个重要的议题分成若干类，这些分类之间没有重叠、没有遗漏，并且能够捕捉到问题的核心，从中得到有效解决问题的方法。

在分解目标的过程中，项目经理要使用其他辅助工具（比如思维导图或 EXCEL 等），将讨论成果呈现到大屏幕上。

第四，复盘检验。会议结束后，项目经理首先要对第一层级的目标进行检查，重点是查看全部的工作是否都被识别出来了。其次，项目经理要针对第一层级的目标所涵盖的各级细分目标进行检查。

横向和纵向都做了检查和修改后，项目经理要将项目目标拆分的结果以邮件或者在线共享文档的形式发送给与会人员，如果大家还有新的想法和思路，就补充进来，项目经理做最终的整理和确认。

通过以上 4 个步骤，项目经理就能够将一个项目的目标拆分为由很多个动作组成的一系列的工作。

2.1.3 如何设定成功标准

一个成功的项目可以定义为，在规定的时间、成本、范围内完成目标，并满足项目主要干系人对项目的利益追求。也就是说，"围绕项目目标，控制并满足项目主要干系人的期望"是项目经理应该追求的方向，也是项目成功的标准。

1. 为什么定

设定成功标准的目的是让项目的成果可以从多个维度进行量化，构成一个衡量体系。换句话说，项目的成功标准是由确保项目成功完成所需的活动或者元素组成的。

或许你会存在疑问，项目成功就是实现了项目的目标，那为何我们不能将项目目标的实现作为项目的成功标准呢？如果你本身既是项目发起人也是项目经理，且项目简单，那么把实现项目目标作为项目的成功标准是没问题的，比如考取技能证书或者通过研究生考试等。

然而，对于大型的项目，比如仓储项目，项目发起人是你所在企业的某个领导，如果这个项目是甲方外包的，那么项目目标也会受到甲方的影响。除了那些流程清晰、成果明确的项目，我们有时候很难一次性就能制订出真正可靠的目标。

在项目目标确实难以明确的时候，我们就不能再拘泥于传统的 3 条边界的约束，而是应在执行的过程中，始终关注项目主要干系人的具体需求，不断修订目标，不断更新项目的执行计划，如此一来，项目的成功显然就不再只是项目目标的实现，还要满足项目主要干系人对项目的利益追求。

2. 谁来定

项目的成功标准是由项目发起人和项目经理共同制订的，双方在项目的成功标准方面达成一致，可以减少项目失败的风险，提高项目成功的概率。

项目发起人可以将此作为考核项目经理的标准；而对于项目经理来说，项目的成功标准成了在推进项目过程中，其随时可以对照的依据，以检查项目有没有跑偏。

3. 怎么定

项目的成功标准应该包含以下3点。

第一，3条边界：时间、成本、范围。

第二，项目实现的收益。

第三，利益相关者的满意度。

仓储项目管理阶段的成功标准举例如下。

时间：在 × 月 × 日之前完成。

成本：所有的费用控制在 ×× 元之内。

范围：仓储业务要具备收货、发货、存储等功能。

项目实现的收益：项目平稳运作以后，在多长时间内能实现预期利润目标。

利益相关者的满意度：项目成果满足项目发起人及其他项目主要干系人等利益相关者的需求的程度。

需要注意的是，时间、成本、范围和项目实现的收益都是相对客观的评价，利益相关者的满意度是主观的评价。另外，这些标准并不是同时进行评价的，有些在仓储项目运作初期就可以评价，有些在仓储项目运作了几个月之后才能评价。

2.1.4 如何组建项目团队

1. 确定组织结构和岗位职责

在确定项目团队的组织结构时，有一个重要的原则——因事设岗。那么如何确定项目团队要做的"事"？

其实在 2.1.2 节中，我们已经将项目目标拆分成了由很多动作组成的一系列的工作，这一系列的工作便成了项目经理在定义岗位需求时的依据。越细致的工作结构分解才能导出越精确的人力资源需求，只有细分到动作，才能更好地将责任分配到人。

项目经理根据要完成的事项，先绘制出项目团队组织结构图的初稿，定义各个岗位的职责，以及对应的候选人，然后邀请人力资源部门的负责人给出专业的建议，包括组织结构图中设置的岗位是否有遗漏、每个岗位对应的候选人是否有能力胜任并伴随项目全生命周期完成相应工作。对于能力不符合的候选人或者暂时没找到合适的候选人的情况，项目经理也可以邀请人力资源部门的负责人给出建议。

项目团队的成员中，有一部分是全职的，有一部分是兼职的，兼职的成员，通常是其他职能部门的人员，比如在人员的招聘、到岗人员的后勤保障等方面，因为其他职能部门具备这些功能，且相关人员的精力也足够，项目经理与相关职能部门的负责人确定相应人选即可。

除了组织结构、岗位职责，项目经理还要制订项目团队的愿景、使命、奖惩措施等。

愿景，简单理解就是项目团队希望看到的情景。项目经理要向项目团队的成员描述项目的成功对客户、公司、个人的意义，从而激发其不断积极工作的动力，更好地发掘并发挥团队成员的潜力，提升团队成员的凝聚力和向心力，没有共同愿景往往会导致团队成员对项目经理只是被动的遵从。

使命，是为愿景服务的，可以告诉团队成员其在团队中的核心价值是什么，其在为谁创造价值，创造什么样的价值，进而使团队成员产生发自内心的驱动力。

奖惩措施，用于提升团队成员的积极性。项目经理除了制订精神层面的愿景、使命之外，最好再制订出物质层面的奖惩措施。比如，项目推进中的团队建设；项目结束后对表现优秀的成员给予现金奖励，对表现不好的成员给予适当的惩罚。惩罚未必一定是罚款，也可以是提前将其从项目团队中清退，适度即可。

前面所有的工作做完以后，项目经理就可以将材料整理好，请项目发起人审批。获得批准以后，项目经理就可以按照不同的情况将人员安排到位。不过，不管是内部抽调还是外部招聘，都要有人力资源部门的支持，并且人力资源部门应该全程参与人员的面谈。

2. 项目团队成员的来源

项目团队成员的来源主要有 3 种。

第一种，出内部优秀的仓储项目团队完全承担新的仓储项目的启动。通常一些集团型的物流企业会在其总部设立这样的项目团队，负责全国各分公司新仓储项目的启动。这种形式是比较理想的，也是最容易实现标准化的。

第二种，从外界招聘人员，组建一支全新的仓储项目团队。这种形式在创业公司中比较常见，比如某个第三方物流企业在某创业公司成立之初，就中标并负责运营其仓储业务。

第三种，以企业内部召集及外部招聘相结合的形式组建项目团队。这种形式是最为常见的一种，内部召集的人员对企业的各种情况都更了解，具备一定的项目管理及运营管理经验，外部招聘人员则可以为团队注入新的活力。

3. 组建项目团队的几点建议

能力互补。项目经理要注意团队成员之间的互补，这表现在性格、性别、年龄、能力、个人经历等方面。这种互补能够使团队具有更为完善的结构，使团队成员实现更有力的结合，使团队能够全面释放其内在的能量，形成高效的组织。比如，去西天取经的唐僧、孙悟空、猪八戒、沙和尚、白龙马，《三国演义》中的刘备、关羽、张飞、诸葛亮等，《水浒传》中的以宋江为首的 108 人，就是能力互补的典型例子。

人力成本。项目管理受到成本约束，项目团队的人力成本也属于整个项目成本中的一部分，项目经理要将涉及的人力成本全部考虑进去，比如人员的工资、五险一金、伙食费、住宿费、劳保用品费用、通信费用、交通费用等，同时，还要将项目推进中的团队建设和项目结束后的激励方案对应的成本一并考虑进去。

动态到位。项目团队的成员，并不是说在一开始就要全部到位，因为有些工作必须在前一项工作完成以后才能进行，而一旦人员全部到位，就难免会出现人员闲置的情况，这样就造成了不必要的资源浪费。人力资源的匹配过程需要跟着项目推进的进度实现动态管理。

人员档案。项目经理要把眼光放长远。铁打的营盘流水的兵，项目经理可以在项目推进的过程中观察每一个团队成员的表现，做好记录。对于表现好的，项目经理可以在下一个项目的人员选拔中优先考虑；对于表现不好的，则避免在新的项目启动中继续选用。

人员处置。项目是临时性的工作，有开始就一定会有结束，那么项目经理也要为项目团队的成员做长远发展的规划和考虑，这也是项目经理对团队成员负责的表现。比如，考虑项目结束后，团队成员是直接转为运营人员、就地解散，还是转到新的项目中。

2.2 制订计划

2.2.1 如何识别项目潜在风险

项目推进的过程是一个不断决策与选择的过程，往往伴随着许多风险。项目风险不是项目推进过程中一定会碰到的问题，而是一种预警。要想防患于未然，项目经理对外应提醒相关人员重视风险并提供应对的措施，对内则不断进行压力测试。当风险真正发生的时候，预警机制将会减少人们慌乱应对或缺少应对措施所导致的潜在损失。下面简单介绍几种识别风险的方法。

1. 头脑风暴法

定义：项目经理邀请相关人员在正常、融洽和轻松的气氛中以会议形式进行讨论、座谈，相关人员应积极思考、畅所欲言。

形式：全体成员以会议形式轮流提出主张和想法。

要点：会议气氛要融洽与热情，不对他人的发言做任何点评与回应。

2. 德尔菲法

定义：又称专家规定程序调查法，主要是由调查者拟定调查表，按照既定程序，以函件的方式向专家组成员分别进行征询，而专家组成员又以匿名的方式（函件）提交意见；经过几次反复征询和反馈，专家组成员的意见逐步趋于集中，最后获得具有很高准确率的集体判断结果。

形式：项目经理从公司内选定相关专家，采用匿名函询的方式收集意见，综合整理后再匿名反馈给各位专家，再次征询意见，如此反复进行多轮，直到专家意见趋于一致。

要点：提供给专家的信息要尽可能充分，挑选的专家应该具有权威性、代表性，保证匿名性，确保专家独立地给出意见。

3. 核对表法

定义：项目经理可以根据拥有的相关资料和自己的经验，将经历过的类似项目的风险及其来源制作成一览表，然后把当前的项目和一览表进行对照，从而找出当前项目存在的风险及来源。

形式：对照已有的一览表对当前项目的潜在风险进行推测。

要点：一览表的内容可包括以前项目成功或失败的原因，项目的范围、成本、质量等。

2.2.2 如何进行项目风险管理

项目风险管理必须两手抓，一手抓保障成功、一手抓防范失败。项目风险管理是防范项目失败的利器。

项目风险管理本质上就是用事前预防代替事后补救，应用各种管理方法、技术和手段，对项目中有可能出现的各种风险事件进行有效控制，减少不确定性带来的消极影响，妥善处置潜在风险造成的不利后果，以最小的代价去保障项目目标的达成，确保项目成功。

对于项目管理中的潜在风险，项目经理要做好 3 个方面的管理：风险识别、风险评估和风险控制。建议项目经理制作一个电子表格，统一进行管理，如表 2-1 所示。

表 2-1　项目风险管理

风险识别			风险评估				风险控制	
风险编号	风险描述及其影响	风险分类	严重性	可能性	可检测性	风险指数	拟采取控制措施	负责人

1. 风险识别

我们在 2.2.1 节中已经提到了识别风险的 3 种方法，大家可以结合自身的情况，选用适合自己的方法。

对于识别出来的风险，首先，我们要对风险编号，并对风险所带来的影响进行简要的说明，其次，我们要对识别出来的风险进行分类，可以从"人机料法环"这 5 个维度进行。

2. 风险评估

进行风险识别时，我们要尽量多地罗列风险，而不要考虑风险的大小、是否可控等。对风险进行分析是风险评估的重点，主要从严重性、可能性和可检测性 3 个方面进行综合考虑，单一维度的风险评估是存在缺陷的。

- 严重性，指的是风险发生后，所造成的后果的级别。

- 可能性，指的是风险发生的概率大小。

- 可检测性，指的是风险发生后，是否容易被发现和识别出来。

这 3 个指标的范围由参与分析的评价者来定义，可以设置为 5 档，每档 2 分。比如，对于可能性，10 分代表很大，8 分代表较大，6 分代表一般，4 分代表较小，2 分代表很小。

风险指数的量化分值就等于每种风险所对应的严重性、可能性、可检测性 3 者得分的乘积，乘积越大，说明风险指数越高，在风险管理的过程中越要加强关注。

风险评估旨在帮助项目团队成员明确已识别的风险的优先次序，以便能够集中利用有限的资源去处理那些主要风险、兼顾次要风险，对低级别风险只需要加以观察即可。

3. 风险控制

前面我们识别出来了风险，且通过风险指数对其进行了量化打分，那么接下来就要做好风险控制，也就是制订风险应对措施，并把每种风险都分配给个人或小组，由他们担任相应风险的责任人。

项目经理在制订风险应对措施时，必须综合考虑 3 个因素：风险的客观严重性、项目发起人对风险的态度和项目主要干系人的风险承受能力。常见的风险应对措施包括风险预防、风险回避、风险转移、风险减轻和风险自留。

- 风险预防，指的是采取措施防止风险发生。

- 风险回避，指的是有意识地放弃存在风险的行为，完全避免特定的风险损失。

- 风险转移，指的是通过签订合同等方式，将可能发生的风险转移给他人，比如外包或者购买保险。

- 风险减轻，指的是制订应急预案，一旦发生风险，相关人员知道该如何处理。

- 风险自留，指的是风险一旦发生，自己承担责任及因此带来的损失。

具体制订哪种措施，需要根据风险的性质和后果的评估结果决定，有些风险可能需要采取多种风险应对措施。

项目风险管理是贯穿于项目整个生命周期的活动，千万不要让项目风险管理只存在于项目经理的表格中。

项目经理和团队其他成员都要有强烈的风险意识，对于已经识别出来的风险，按照设定好的风险应对措施进行管理。对于预先制订的措施成效不明显的，以及新出现的风险，项目经理和团队其他成员要及时将其更新到项目风险管理表格中，进行动态控制。

2.2.3 如何编制仓储项目启动计划

谋定而后动，知止而有得。"谋"就是做计划，也就是做任何事情之前，都要先计划清楚。仓储项目管理亦是如此，项目启动计划是一个非常重要的项目管理工具，包含以下几个方面。

1. 罗列项目活动

前面我们对项目目标做过拆分，将项目的目标拆分为由很多动作组成的一系列的工作，这便有了项目团队所要做的事项，我们称为项目活动。划分项目活动时要满足两点：相互独立、完全穷尽。对于项目活动的显示层级，笔者建议分为 3 层。

需要提醒大家的是，如果项目启动计划中涉及更细分的活动，笔者建议由该项活动的负责人单独制作跟踪表来跟进。

比如，我之前曾经启动过一个客户化包装厂的项目，拆分目标后，其中一个细分的活动是设备采购。该项目需要采购的设备包括生产线设备、收缩线设备、打码区设备、套装专区设备、仓库设备等，每类设备下面又包含具体的设备型号及数量等信息。如果将其放到项目启动计划表中，就会让整个表格显得非常"臃肿"，因此，我就让采购主管单独建立了《设备清单及到货情况跟踪表》。每次跟进会议上，回顾设备采购这个活动时，该采购主管都会做具体的汇报。

2. 项目活动排序

所谓项目活动排序，就是识别项目活动清单中各个活动的相互关联与依赖关系，通过反复优化，编制出项目活动的先后顺序。

紧前关系绘图法（Precedence Diagramming Method，PDM）[5] 是创建进度模型的一种技术，用节点表示活动，用一种或多种逻辑关系连接活动，以显示活动的实施顺序。当我们按照时间顺序或者事物的自然发展顺序来排列活动时，通常有以下 4 种排序逻辑。

完成到开始（Finish to Start），指的是"完成导致开始"的关系，即前序活动完成，后续活动才能开始。如果前序活动没完成，后续活动就没法开始。比如我们找到了存储货物的场地以后，才能开始做仓库布局设计；人员到岗了以后，才能开始组织人员培训。

开始到开始（Start to Start），指的是"开始导致开始"的关系，即前序活动和后续活动同时开始。如果前序活动没开始，后续活动也无法开始。比如新的项目涉及货物搬仓，那么在旧仓库进行货物清点交接和在新的仓库组织收货这两项活动应同时开始，因为如果前者没开始，也就没有组织收货的必要了。

开始到完成（Start to Finish），指的是"开始导致完成"的关系，即前序活动开始，后续活动才能完成。如果前序活动没开始，后续活动就不能完成。比如仓储运营团队到位并考试合格，项目团队才能有序离开。

完成到完成（Finish to Finish），指的是"完成导致完成"的关系，即前序活动完成，后续活动才能完成。如果前序活动还没完成，后续活动也无法完成。比如所有的流程编写完成并经过审批，这时才意味着完成了作业流程设计的所有工作。

如果不定义活动的顺序，就相当于制订了一个无效的进度计划。

3. 估算持续时间

所谓估算持续时间，就是基于前面罗列的完成项目目标所需的工作量

（项目活动），结合计划投入在每个项目活动上的资源数量，估算完成每个单项活动所需要花费的时间。

这里面用到的工具与技术有专家判断、类比估算、参数估算、三点估算、自上而下估算、数据分析、决策、会议等，大家选择适合自己的方法即可。

4. 制订进度计划

搞清楚了活动之间的依赖关系，我们还要找到项目中的"最短工期"，这时可用到的工具是关键路径法[6]。关键路径的工期决定了整个项目的工期，任何关键路径上的活动的延迟都会直接影响项目的预期完成时间（如果原本就没有考虑缓冲时间的话）。

结合找到的关键路径，以及前面估算出来的完成每个活动所需要花费的时间，然后从后往前倒推，我们就可以确定每个活动的开始时间和截止时间。项目经理要确保在项目发起人要求的截止时间之前，完成所有的活动，并将进度计划与各个活动的负责人进行沟通，达成一致。

项目团队的执行力差，或者项目不能按进度计划执行，通常是由以下两个问题导致的。

· 执行问题，也就是单纯的某个项目活动执行缓慢。

· 衔接问题，指的是项目活动与项目活动之间没有衔接好，产生了大量的时间浪费。

对于执行问题，我们要分析原因，是员工工作态度有问题，还是方法有问题，然后从根本上解决。如果短时间内无法快速解决，但又要保证在截止时间之前完成项目，我们就要考虑补救措施，比如临时安排人手协助。

衔接问题实际上就是各负责人之间没有管理好项目活动排序，比如在完成到开始中，前序活动还没完成，后续活动就提前开始了，或者前序活动完成后，后续活动没有正常开始，这就会产生时间浪费。其他 3 种因项目活动排序没有衔接好所造成的时间浪费，大家可自行推演。

5. 明确负责人

每个项目活动都要指定具体的负责人来跟进，作为项目团队的一员，每个人根据专业的不同，可以负责一个甚至多个项目活动。有些需要职能部门配合的项目活动，其负责人应是职能部门领导或者是职能部门指派的联络人，因为具体的工作可能需要职能部门内的多个人共同完成。

6. 完成状态

为了便于跟踪，我们在编制项目启动计划表时还要增加一列，用来显示每个项目活动的完成状态。完成状态主要分为 4 种：未开始、进行中、完成、延迟。

2.2.4 如何召开一次项目启动会

项目启动会是项目管理过程中一个非常重要的里程碑事件，项目启动会结束以后，项目将正式启动。

1. 意义

项目启动会不是针对某个议题的讨论会，大部分需要讨论的工作都已经在会前做完了，这次会议相当于"昭告天下"的正式通知，比如向项目干系人、项目团队、与项目相关的职能部门等宣告项目已经取得授权。如果是物流企业启动某个甲方客户外包的仓储项目，建议邀请甲方客户团队的人员一起参加。项目经理向与会人员通报项目的背景、规划，请大家在整个项目周期内务必完成所有的工作。

项目经理可在项目启动会上通过分享项目的愿景，来增强项目团队的紧迫感和使命感。而且，项目经理也可以邀请项目发起人（通常都是高级别的领导）发言，以他们的讲话内容为"背书"。对于项目团队和相应的职能部门来讲，这既会让他们感到压力，又会构成一种激励，从而统一思想，扫清顾虑和障碍。

2. 准备

项目启动会在整个项目管理的过程中有且仅有一次，对于项目经理来说，一定要做好会前的各项准备工作，包括以下内容。

• 确定会议的议题、与会人员、时间、地点。

• 编写会议邀请，以邮件的形式正式通知与会人员，对于将在会上发言的高层领导、项目发起人等，在会前最好再提醒他们一次，以使其准备好讲话稿。

• 安排会议内容的记录人。

• 会议现场提前进行布置，比如会议室的清洁和整理、温度调整、饮用水提供、投影仪调试、劳保用品安排（仅针对线下会议）等。

3. 步骤

项目介绍。召开项目启动会的目的是向与会人员展示整个项目的合理性和合法性，介绍的内容包括项目成立的背景、项目需求、项目目标、项目里程碑事件、项目成功的评判标准等。

提出期望。项目所属企业的高层领导及项目发起人对项目团队提出期望。领导的发言通常比较高瞻远瞩，属于战略层面的演讲。有了高层为项目"背书"，在后续的项目执行和监督中，项目经理所面对的阻力就会小一点。如果有客户方的高层领导参加，也需要让客户方的高层领导提出期望。

团队介绍。项目经理汇报项目团队的组织结构及岗位职责，各个岗位的成员也要简单地做自我介绍。如果客户方也成立了项目小组，需要在启动会上一并做自我介绍，并明确双方对应工作的交接人。

启动计划。项目经理向与会人员介绍项目启动计划及目前的进度，其中，在介绍计划时，尽量分层级展示，先整体介绍完成项目目标需要做哪些事项，然后根据大家的反应，针对某方面或者某几方面内容做具体介绍。

风险管理。项目经理向与会人员介绍项目推进过程中已经识别出来的风险，展示对风险的量化分析（严重性、可能性、可检测性），以及针对每种风险计划采取的管控措施。

实地考察。如果在项目启动会之前，已经确定了拟存储货物的仓库，与会人员感兴趣的话，项目经理可以带领大家去现场实地考察，并简要介绍未来在仓库中的一些规划。

4. 其他

第一，讨论前置。由于项目启动会上会有企业的高层领导参加，为了节约领导及其他与会人员的时间，项目经理应尽量把需要在会上讨论确认或承诺的事项，在会前与相关人员沟通清楚，或者组织一些非正式会议进行小范围的讨论。

第二，做好记录。与会人员要签到，同时，会议纪要也需要打印出来，并签字确认。项目经理要让与会人员觉得这是件严肃认真的事，要给予充分重视，并让与会人员意识到项目真的要开始了。

第三，会后跟踪。项目经理在会后应该将电子版的会议纪要发给与会人员。首先，这样做是为了让大家知晓会议的内容，且可以随时查看。其次，对于那些需要提供支持的职能部门，会议纪要能保证传达给其的内容没有偏差。最后，通过这种方式，项目经理还可以跟进与会人员在会上没来得及确认或者回复的事项。

2.3 项目执行

2.3.1 如何打造高效项目团队

1. 一次正确的引导和强化好过动用权力去强迫、批评和纠正

如果当下属把事情做正确、做好的时候，项目经理觉得"无所谓、不要紧、不需要强化、应该的"，而当下属做错事情的时候，项目经理就大发雷霆，立刻站出来批评"你这么做不对……"那么这肯定会导致项目经理和下属的关系出现问题。

既然能晋升到经理岗位，我们一定有一些特质符合这个岗位的需求，比如工作技能丰富、人际关系良好、管理能力强等。那么，我们在带团队的过程中就要多指导、引领下属，告诉他们如何做是对的，而不是时刻盯着他们什么时候犯错。过分施展自己的权力，证明自己多聪明、多能干，

在下属面前表现自己的优越感，这种行为出现一次便会让我们掉价一次。

2. 聚焦可能的解决方案而非以问题为导向过度追溯原因和责任人

大多数项目经理在自己所负责的那个领域已经有很深的研究，也算是个专家。因此，在遇到问题的时候，项目经理通常会立刻启动问题导向模式，通过各种分析，告诉下属如何去解决问题。

然而，我们都知道，当一个人吩咐他人要怎么做的时候，他人通常会产生逆反心理。强势的建议往往招致下属为工作进行不下去找这样的理由："如果你坚持，那我就反对。"当然，项目经理也可以继续指责他人没有根据指示积极响应，但是，这不会有什么效果。相反，下属只会变得沮丧、压抑、毫无斗志。

问题导向型的管理者，只会挖掘问题背后的原因和责任人。我们在专注于挖掘问题背后的深层原因时，就很容易忽略解决方案。在一轮一轮的讨论中出现的新问题，会让原本的问题看起来无法解决，而这又导致达成好结果的可能性变得非常小。

与问题导向模式相反的是聚焦方案模式。这个模式讲求的是，不要无谓地让问题复杂化，也就是说，简单的才是最有效的。聚焦方案模式的 4 个基本原则如下：如果东西没有坏，就不要去修补它；多做有效的事情；如果一个方法没用，那就不要继续，尝试其他的方法；如果你发现一个方法有效，那就把它交给别人，或者从别人身上学习它。

聚焦方案模式着眼于未来，而问题导向模式着眼于过去。聚焦方案模式拥有一系列的干预措施，能把我们的注意力导向构建可能的解决方案。它不是专注于过去的问题（即为什么问题会出现），而是聚焦于未来的结果（即明天或者接下来我们期望取得什么成果）。

如此一来，项目经理和下属便能分享彼此的经验和知识，朝着更好的未来努力。大家彼此提问，帮助彼此把梦想和希望转化为切实的行动方案。大家一同按积极的行动方案前进，一步一步地努力。

3. 授权给有比较优势的人而不是自己一个人去解决所有的问题

工作并非谁干得好、干得快就让谁来做！

所谓的"你耕田来我织布"，其实是说，因为你耕田的效率比我高，所以由你来耕田；由于我织布的效率比你高，因此由我来织布。效率高对应的就是绝对优势。比较优势强调的则是，即便你织布的效率比我高，只要我的机会成本更低，还是应该由我来织布。什么是机会成本呢？我们都知道，鱼与熊掌不可兼得，那么放弃的鱼就是你选择熊掌的机会成本。

大部分项目经理都是从仓储运营管理实践中锻炼出来的，所以对流程编写、仓库布局设计等都比较懂，效率也更高。项目推进过程中，大部分模块的工作都会由专门的人员去做，项目经理千万不要因为他们做事的效率没有你高，就一头扎进具体的工作中。要知道，一个人的精力是有限的，我们在专注于某个具体事务时，给其他方面分配的时间肯定就不足，而项目经理的工作重点，实际上是对项目整体进度进行把控。

因此，项目经理要学会授权，不要所有的事情都亲力亲为，太关注局部就会丢掉大局。最主要的是，那些我们拥有绝对优势的事情，如果我们的机会成本太高，那么倒不如交给那些有比较优势的下属。

2.3.2 如何提升项目沟通效率

项目是靠人来执行的，沟通是维系人与人之间关系的一个关键要素。通过与相关人员及时沟通，我们可以在很大程度上避免许多无谓的误会和矛盾。

1. 乔哈里视窗 [7]

乔哈里视窗理论把人际沟通的信息比作一扇窗户，根据"自己知道与自己不知道"和"他人知道与他人不知道"这两个维度，将人际沟通信息分为 4 个区域，如图 2-1 所示。

开放区（自己知道且他人知道）、隐蔽区（自己知道且他人不知道）、盲目区（自己不知道且他人知道）、未知区（自己不知道且他人不知道），人的有效沟通就是这 4 个区域的有机融合。

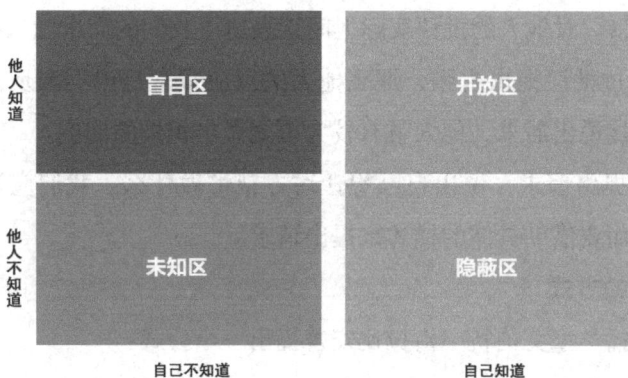

图 2-1　乔哈里视窗

从乔哈里视窗中可以看出，有效沟通其实是在开放区内进行的。因此，在日常沟通中，我们要想办法扩大自己和沟通对象的开放区，努力缩小盲目区、隐蔽区和未知区。

要想"打开天窗说亮话"，就要锁定沟通区域，自己知道而且他人知道是双方顺畅沟通的前提。具体操作就是，尽量缩小隐蔽区，学会主动反馈，自己知道的也让他人知道，这样认知就统一了；同时，也要尽量缩小盲目区，即他人知道的自己也要知道，这就要求我们向沟通对象主动请教和复述。

2. 非暴力沟通[8]

非暴力沟通的对应面就是暴力沟通，像批评、指责、生气、隐忍等都不能真正地解决沟通问题，反而可能会恶化沟通问题。俗话说得好："良言一句三冬暖，恶语伤人六月寒。"好好说话是门学问。如何做到非暴力沟通？建议从以下 4 个方面着手。

第一，陈述事实，区分事实和评论。我们要做到就事论事，看到什么就说什么，要不带主观情绪地表达自己所看到的事实。

第二，诉说感受，体会和表达自己真实的感受。我们越清楚地表达感受，就会使沟通越顺畅。同时，要注意区分感受和想法。如何区分两者呢？最简单的区分依据就是，感受是客观的，而想法是主观的。

第三，讲述需要，描述自己内心最真实的需求。指责、批评、评论往往暗含着期待。对他人的批评实际上间接表达了我们的需求尚未得到满足。如果我们通过批评提出主张，那么他人的反应常常是申辩或反击。反之，如果我们直接说出需求，他人就有较大可能做出积极的回应。

第四，提出请求，说出自己想让对方帮忙做什么。我们应避免使用抽象的语言，而要借助具体的描述来提出请求。

3. 沟通的方式

美国传播学家艾伯特·梅拉比安曾提出一个公式：

信息的全部表达 =7% 语义 +38% 声音 +55% 肢体语言

你知道上面的这个公式意味着什么吗？它意味着我们所传递出去的信息，只有 7% 是语言沟通内容，剩余的 93% 都是非语言沟通内容。在非语言沟通中，我们的语音、语气、语调占据了 38%，还有 55% 是我们的肢体语言，比如眼神、面部表情、站姿或者坐姿等。

语言沟通是指我们通过话语传递信息，非语言沟通是指不通过话语，而是通过表情、动作、眼神、姿态等传递信息。语言沟通和非语言沟通常常结伴而行，有时非语言沟通比语言沟通更能表达出我们的真实想法。

沟通的形式有很多种，如电话沟通、邮件沟通、微信沟通、会议沟通、面对面沟通等，在项目管理中，我们要根据不同的情况选择不同的沟通方式。比如，变更项目范围时最好用书面沟通的形式，并做好沟通记录的留存。

综上所述，我们应该明白了，有效的沟通不仅仅是好好说话，还要尽量扩大那个我们自己知道且他人也知道的开放区。此外，我们要学会使用非暴力沟通的技巧，这里提供一个模板，即"我观察到……我感觉……是因为……我请求……"。再有就是，只通过语言沟通还不够，我们还要关注传递 93% 的信息的非语言沟通，从眼神、面部表情、身体动作以及声调中了解对方的真实想法。

2.4　项目监控

2.4.1　如何有效地监控项目

大型项目的参与人员通常比较多，如果只有项目执行而没有项目监控，那么就很容易"跑偏"。项目监控就是对项目执行的情况进行控制，将实际的进度与计划进行比较，对于落后于进度或者没有达到质量要求的情况，我们应思考需要采取什么改进措施。要有效地监控项目，我们需要了解以下 3 个方面的内容。

1. 监控对象

任务。这指的是项目经理在拆分目标时所拆分出来的一系列小任务，如果在规定时间内保质保量完成每个小任务，就能完成最终目标。不过，项目经理的时间是有限的，切记不要"眉毛胡子一把抓"。二八法则适用于项目监控的工作场景，因此，项目经理一定要找到影响实现项目目标的那 20% 的任务，然后投入 80% 的精力去监控。

如何找到那 20% 的任务呢？关键就是找到项目里程碑事件。这又该如何理解呢？就像我们在生活中看到的道路两边指示公路里程的标志那样，在项目管理中，那些重大的里程碑事件就是标志。比如在仓储项目管理中，项目启动会、确定合适的仓库场地、设备到位、人员到位等都是里程碑事件。

资源。项目资源通常是指项目执行过程中所需要的人、财、物等资源。项目是在有限的资源条件下完成临时性的工作，因此，只有切实管理好有限的项目资源，才能确保项目的进度、质量、成本遵循计划安排，否则项目管理就成了空谈。

对于资金的使用，项目经理一方面要做好记录，记录每一笔开支都花在了什么地方，另一方面要做好对比，对比资金使用计划与实际使用情况，评估剩余的资金能否覆盖剩余的所有任务。项目经理还要对物资的使用情况进行监控，将那些分配不合理的物资进行重新调配，避免资源浪费。

在各种项目资源中，人力资源显得尤为重要，因为项目的完成最终还是靠人。就算物资和资金有充分的保障，对项目团队成员的管理不善也会导致项目不可能按时并保质保量的完成。项目经理要重点关注团队成员的工作状态，比如工作积极性、工作熟练度及团队的氛围等。

风险。项目经理除了要关注里程碑事件之外，还要对前面所提到的项目风险进行管理，尤其是要重点关注那些风险指数高的风险。另外，风险管理是动态的过程，因为有些风险在前期梳理的时候并不能完全预测到，还有些风险则会随着项目的推进而不断产生。

2. 怎么监控

会议跟进。这是较为正式的监控方式，常见形式是开项目推进回顾会。它属于周期性会议，伴随着整个项目推进的全过程，通常每周开一次，算是项目团队的例会，所有人都要参加。例行的议程是围绕项目启动计划回顾上周的工作完成情况，以及做好本周的工作安排。当项目管理进入最后一周时，项目经理可以考虑将项目推进回顾会的召开频率由每周一次改为每天一次。这样做一方面可以让所有人有一种紧迫感，提高效率，另一方面，也有利于及时发现造成项目延期的因素并采取措施。

实地检查。除了会议上的信息沟通之外，很多工作成果需要到现场才能确认。项目经理千万不要一直待在办公室里，要到一线进行实地观察和检查，避免信息失真，或者存在沟通中的盲区。另外，在仓储项目管理中，很多任务都是需要在仓库现场完成的，比如货架安装、监控和网络施工、库内画线、标识张贴、人员培训等。

验收任务。对于团队成员完成的每项任务，项目经理都要验收。既然完成了，团队成员就要把证据拿出来。以完成货架安装这个任务为例，项目经理要安排专业的人员到现场验收工作成果是否满足需求，比如与设计图纸是否一致，货架两端的承重标识是否张贴，货架的防撞设施是否安装齐备，货架的立柱和横梁是否有变形等。

3. 变更管理

来源。变更主要来自两个方面：项目发起人提出的新的想法、需求，某些项目团队成员的任务无法顺利完成。对于后者，项目经理就要分析这些项目团队成员无法顺利完成任务的原因。是成员个人能力和岗位要求不匹配、个人消极怠工，还是成员跟其他成员发生了冲突？针对不同的情况项目经理需要对症下药并及时在项目启动计划中进行微调，比如更换负责人、延长完成时间等。对于前者，项目经理则需要与项目发起人进行深入探讨，因为增加新的需求意味着要重新分配那些有限的资源。

步骤。对于新增的需求，项目经理要进行严格控制。具体包括 5 个步骤：提出变更需求、批准变更、修改项目计划、实施并监控效果、保持计划的最新状态。对于因为项目发起人提出新需求引起的项目变更，项目经理一定要做好相关记录和文件的管理，以便后期追溯。如果是甲方提出了新的需求，项目经理更要重视，尤其是涉及成本增加时，需要通知市场团队跟甲方的采购人员进行对接谈判。

2.4.2 如何高效地组织一场会议

从项目开启到最终交付，其间要经历很多场大大小小的会议，比如，项目启动会、项目推进回顾会、供应商采购评审会、项目专题研讨会、项目结束总结会等，成功的会议将加速项目的推进。想有效地组织一场会议，笔者建议从以下 3 个方面着手，如图 2-2 所示。

会前准备
会议目的、会议时间、
会议地点、与会人员、
会议议程、会议形式、
会议通知、会议频率

会中控制
会议开场、控制时间、
总结提炼（有结论、
有改进计划）

会后跟进
散会不跟踪，开会一场空。只有
会上定下来的所有任务都完成了，
才算达成了会议的预期结果

图 2-2　高效地组织一场会议

1. 会前准备

会议目的。沟通的形式有很多，项目团队成员的时间也都比较有限，因此，项目经理在计划发起任何一场会议之前，首先要想清楚是不是必须要开会才能达到目的。如果答案是肯定的，那么项目经理在会议召开前就必须明确每一场会议的主题和目的。

会议时间。这一方面指的是预期的会议时长，另一方面指的是什么时间开。对于预期的会议时长，项目经理根据自己的经验就可以推算；对于什么时间开，项目经理则需要关注会议室的预约情况及项目团队成员的时间安排。

会议地点。大部分会议都是在会议室开的，也有一部分会议可以考虑在仓库现场开。如果在会议室开，项目经理要综合考虑会议室能否容纳所有与会人员、会议过程中是否需要投影设备等，并提前到会议地点对设施设备进行调试。

与会人员。尽量精简与会人员，不是团队中的每个人都要出席所有会议，只需组织跟会议主题或者目的强相关的人员参加。对于那些只需要了解会议内容的人员，可以不组织其参加会议，项目经理将会议纪要发给他们并确认他们已经知晓所有内容即可。

会议议程。会议议程是会议召开的详细计划，包含会议的详细推进步骤、与会人员在会议中的责任分工、每个环节的开始时间和结束时间等。为了提高会议效率，确定完的议程及相关的资料要提前发给与会人员。

会议形式。常用的会议形式有两种，线上的视频或者电话会议、线下的面对面沟通会，如果某些与会人员因时间冲突或者其他因素无法及时到达现场，也可以考虑采用线下和线上相结合的形式。

会议通知。通知通常以邮件形式发送，其内容要涵盖上面的所有要点。如果涉及会议资料，应以附件的形式添加，避免在正文中堆砌大量的文字。如果需要邀请高层领导参加，除了邮件之外，会议组织者最好通过电话、短信或者微信与其再次确认。

会议频率。项目推进过程中，不同类型的会议的召开频率也不同，比如项目启动会只开一次；专题讨论会开一次或者多次，形成结论就可以结束；项目推进回顾会每周开一次。

2. 会中控制

会议开场。项目会议中，项目经理通常是会议的主持人，在进入正式的议题之前，用 2~5 分钟的时间做个简单的开场非常有必要。开场应介绍会议的背景、目的、议程、会议中需要遵守的规则等，如果会上除了项目团队成员之外，还邀请到了一些高层领导和其他外部的专家，项目经理要在开场时专门介绍。如果有人线上参会，建议提前 10 分钟开启线上会议通道，并告知其随时可以进入。提前开启线上会议通道的原因有两个。跟线下会议一样，因为大家平时都在处理自己的事情，所以他们可能会在会议开始之前的小段时间相互交流、增进感情，这也有助于改善团队关系。另外，提前开启线上会议通道，项目经理也可以及时了解谁还没上线，私下提醒下，确保会议能准时开始。

控制时间。项目经理要对整个会议的过程进行把控，要保证讨论不要离题，并坚持执行规划好的时间分配方案。项目经理也要及时打断没有重点的废话或过度发散的发言，随时把需要加入的关键人员"拽进"会议，围绕会议的目的，尽可能把会议引导向高效决策的方向。如果会议中涉及并列的多个小议题，在某个环节迟迟无法形成结论时，项目经理要及时干预，并视情况决定是否再单独组织一次专题讨论会，或者是先暂停该议题，等整场会议结束后，把没有形成结论议题的相关人员留下来，再继续讨论，一定要避免浪费所有与会人员的时间。

总结提炼。随着会议接近尾声，项目经理要带领大家快速总结会议内容，主要涉及两方面：第一，跟议题相关的结论；第二，如果涉及后续的改进计划，要制订出下一步的任务清单，包括每个具体的任务是什么（What），计划怎么做（How），谁来负责（Who），计划开始时间和完成时间（when）。

会议纪要如果能在会议结束前整理出来，就打印并安排所有的与会人员签字确认，如果未能整理出来，就尽量在会议结束后 24 小时以内发出来。如果是线上会议或者线下会议中有人在线参与，那么在会议结束后，项目经理不要着急关闭线上会议通道，有可能部分人员恰好要借助线上会

议通道继续交流，因此项目经理可以选择静音或关闭摄像头，等所有人都
退出后再关闭线上会议通道。

3. 会后跟进

会议结束并不意味着所有的工作都结束了，对会议内容的跟进落实也
是会议取得成功的非常关键的环节，只有会上定下来的所有任务都完成了，
才算达成了会议的预期结果。

散会不跟踪，开会一场空。对于会上定下来的任务，会议的发起人要
亲自跟踪，检查其是否按要求落实，对于已经落实的，要验收其成果。

2.5 项目收尾

2.5.1 如何高效进行项目复盘

项目复盘的方法有很多，比如 CVMA（Compare、Value、Method、Apply）复盘
法、十步复盘法、GRAI 复盘法等。下面以 GRAI 复盘法为例进行讲解。

GRAI 复盘法分为 4 个步骤，包括 Goal（目标回顾）、 Result（结果陈
述）、 Analysis（过程分析）、 Insight（归类总结）。

1. 目标回顾

每个项目在发起的时候，都会确定目标，所以，复盘的第一步就是回
顾最初的目标，尽量用一句话把目标说清楚。比如，为了……（Why，为什
么做这个项目），通过……（How，项目使用的方法和手段），在……之前
（When，时间），实现……（What，要达成什么目标）。此外，目标的定
义要符合 SMART 原则。

除了要回顾最终目标之外，我们还要回顾阶段性目标，这些阶段性目标
实际上就是项目的里程碑事件，也就是在关键的时间节点要完成的重要事项。

2. 结果陈述

项目收尾了，结果也就有了。在结果陈述的过程中，我们一定要区分事

实和评论，事实就是不夹杂任何评论的描述，既然结果已经形成了，就没必要美化或丑化它。针对第一步中回顾的目标，我们应该分别对应地写出实际结果。然后，对比目标和结果，看看项目是否按时保质保量完成？若否，差在哪里？是质量达标但时间延迟了，还是准时完成但质量不达标等。

对比目标和结果的目的在于确定接下来复盘的基调。如果项目完成了，就主要分析哪些地方做得好，如果项目没有完成，就主要分析导致项目没有完成的原因。在总结复盘的时候，经验和教训最好分成两篇，一篇主要总结所有的经验，一篇主要记录所有的教训。此外，我们可以把这些经验和教训分别整理成册，这会是一笔非常宝贵的财富。

3. 过程分析

对目标和结果进行了对比以后，我们就要对产生相应结果的原因进行分析了。我们不仅要分析"坏的差异"是什么原因导致的，更要分析"好的差异"是如何产生的。针对项目的复盘，我们不应一个人"冥思苦想"，而要带领项目团队一起复盘，比如组织项目复盘会，采用头脑风暴法，以使分析更加全面。

在分析的过程中，我们要不断地提问和追问"为什么"，通过对问题的分解，从现象找到问题的本质，从而系统地挖掘出造成"坏的差异"的根本原因，找到解决问题的方法。

4. 归类总结

在罗列出来造成"好的差异"及"坏的差异"的影响因素以后，就要在这些因素里面寻找和提炼有用的规律、经验和教训，把它们一一罗列下来。为了提高规律的准确性，首先，我们要排除不可控因素和偶然因素，其次，规律一定是有共性的，经过验证可行的。

总结出来规律以后，我们还要将其落实在行动中，这样才能帮助我们在今后的其他项目管理中做得更好。对于好的实践经验，我们要持续运用；对于验证无效的，要停止运用并寻求改变。通过大量的实践，我们就能把经验内化为才干！

除了复盘"事"，我们还要从"人"的维度进行复盘，对每个团队成员有一个清晰的判断。对于表现优秀的，如果有新的项目机会，就要敢于重用；对于表现一般的，就没有继续合作的必要了。想要打造"虎狼之师"，每个人都必须是响当当的！

2.5.2 如何有序解散项目团队

项目团队是为了完成临时性的工作而组建的，项目目标达成时，就意味着项目经理不得不解散团队了。那么，如何有序解散项目团队呢？项目经理可以从以下3个方面着手。

1.5 个阶段

团队发展模型最早是由布鲁斯·塔克曼于1965年建立发表的，最初为4个阶段，分别是组建期（Forming）、激荡期（Storming）、规范期（Norming）、执行期（Performing）。1977年，他与詹森在4个阶段中又加入了1个阶段——休整期（Adjourning），该模型对后来的组织发展理论产生了深远的影响。

组建期，即项目团队的形成阶段。在初次会面中，团队成员相互认识，了解自己与其他成员在项目中的角色及工作职责，形成对彼此的第一印象。因为没有太多的信任基础，团队成员之间倾向于相互独立，部分团队成员还有可能表现出不稳定、忧虑等特征。

激荡期，即项目团队的震荡阶段。团队成员为了让自己的意见得到采纳而相互竞争，大家都一味地排斥其他团队成员的观点、见解，更想凸显个人想法。在这个阶段，团队成员对于团队目标、期望、角色及责任的不满和挫折感会表露出来。

规范期，即项目团队的规范阶段。团队成员在磨合了一段时间后，开始协同工作，调整自己的行为和工作习惯，有意识地解决问题，并开始相互信任。

执行期，即项目团队的成熟阶段。团队成员能有序地推进各项工作，相互之间配合默契，共同进步，能平稳高效地解决问题。团队成员的集体荣誉感很强，并努力捍卫团队的荣誉。

休整期，即项目团队的解散阶段。项目任务完成，项目团队解散，团队成员表现出明显的失落感。

2. 团队成员去向

项目团队解散，团队成员要奔赴新的征程。关于团队成员去向何方，我们要结合项目团队的组织结构进行分析。项目团队的组织结构主要分为职能型、项目型和矩阵型。在不同的组织结构中，团队成员有不同的去向。

职能型。采用这种组织结构时，项目是以部门为主体被承担的，一个项目可以由一个部门或者多个部门承担，项目团队的各个岗位上的人员几乎都不是全职的。

在职能型组织结构中，并不存在真正意义上的项目团队，大家都是兼职做事，因此，这种类型的项目团队也不存在真正意义上的解散，因为各团队成员还归属于各自所在的部门。对于大型的项目管理，采用此类组织结构，工作的推进往往不是那么顺利。

项目型。项目型组织结构就是指创建独立项目团队，将所有相关的"能兵强将"集结在一起，如果从企业内部抽调，这些精英们就要脱离原有的岗位，全职加入项目团队。

对于项目型组织结构，团队成员在组建之初就能预见解散时的情景，由此带来的问题也非常明显，那就是团队成员对项目团队没有太强的归属感。解散时，团队成员或者被派到别的项目中，或者被直接解雇，因此团队成员缺乏事业上的连续性，没有安全感。

矩阵型。这类组织结构又称为复合型组织结构，具有职能型组织结构和项目型组织结构的特征。专职的项目经理负责把控全局，大部分人员都是从现有的部门中抽调过来的，并以全职或者兼职的形式加入项目团队，也有很少的一部分人员是从外部招聘的。

对于矩阵型组织结构，也没有真正意义上的项目团队解散，项目结束后，从原有部门抽调而来的人员会回到各自原来的部门，企业只需要考虑外部招聘的人员的安置问题，因此，在组建项目团队的过程中，需要外部招聘时，企业可以考虑选择跟劳务公司合作。

在仓储项目管理阶段，常见的组织结构是矩阵型，有专职的项目经理负责整个项目的管理工作，项目团队成员的一部分是未来会参与项目运营管理的人员，比如仓库主管、系统主管等，另一部分是从职能部门抽调来的人员，比如负责招聘的 HR、负责后勤保障的行政人员等，因此，几乎不会存在项目团队解散时要辞退某个团队成员的情况。

3. 离开时机

项目团队解散并非一定发生在项目结束以后，在项目推进过程中，团队成员可以有序离开，只是在项目结束时项目团队才完全解散。

团队成员在什么时候可以离开呢？团队成员将自己职责范围内的所有任务完成后，就没有必要继续待在项目团队中了。

在项目推进过程中，一定也会存在团队成员"非正常离开"的情况。一种情况是，团队成员不适应，自愿离开。另一种情况是，项目经理主动将其"请"走的，比如个人能力不足，无法满足岗位要求，且短时间内无法提升的；不遵守团队纪律、偷奸耍滑、工作主动性差的；没有团队合作意识、喜欢单打独斗、恶意竞争、欺上瞒下的……

2.5.3 如何编写项目总结报告

在编写项目总结报告的过程中，项目经理一定要弄清楚一点，这份报告是面向未来的。项目发起人或者公司高层领导，除了希望从报告中看到项目团队所付出的努力和取得的工作成果之外，更愿意看到项目团队的反思和改进，希望项目团队在未来能取得更好的成绩。项目总结报告的编写可以从以下两个方面着手。

1. 报告结构

背景介绍。就是介绍项目的基本情况，包括这个项目是基于什么样的背景发起的、项目的目标是什么、项目包含的范围有哪些、实现项目目标对公司发展的意义是什么等。

历程回顾。就是罗列出项目推进过程中的一些关键事项，比如在哪个时间节点完成了具体的某个里程碑事件。回顾历程应尽量做到层次分明，首先，以项目管理的 5 个阶段为大的时间轴，然后，在每个阶段中筛选出一些关键事项进行简要说明。

工作总结。就是对过去项目管理过程中，项目团队所做的工作进行一次全面的复盘。大家可以套用这个公式：目标＋工作内容＋工作成果。

第一，项目的目标是什么；第二，为了实现这个目标，项目团队做了什么；第三，工作成果是什么。需要注意的是，项目总结报告是项目经理代表整个项目团队做出的，千万不要变成项目经理的个人秀。

经验总结。就是总结经验和教训，工作总结讲的是已经发生的事实，相对比较客观，而经验总结就比较主观。经验总结一定得好好写，写好了无论是对整个项目团队还是对项目经理而言，都是加分项。大家也可以套用这个公式：要求＋目前水平＋下一步行动。

第一，项目发起人对项目团队的要求是什么；第二，在项目推进过程中，项目团队的水平如何，这时可以谈谈做得好的经验，最好是有事实佐证，以及哪些方面还存在不足；第三，接下来准备怎么去重点改进和提升。

项目经理的经验在一个成功的项目中起着非常重要的作用，因此，项目经理在这个部分除了总结项目团队的成长和变化外，更要总结自己的经验。

工作计划。就是下一步有什么计划，但是笼统地谈计划会显得没有重点，无法评判对错。大家可以套用这个公式：公司目标＋你的行动。

第一，公司的目标是什么，要找与项目管理相关的目标；第二，针对公司的目标，作为项目经理，你有什么行动。

2. 汇报形式

会议。常见的是项目总结会，项目经理可邀请相关的领导、项目团队的成员，以及对项目提供支持的职能部门的相关领导一起参加。文字版的总结报告是静态的，而会议是动态的，对于项目经理来讲，事情做成了，就要敢于"秀"出来，项目总结会就是一个不错的展示平台。

第一，项目交付。项目总结会的召开，意味着项目正式收尾，项目实现了从0到1的转变，责任同步转移，项目将正式移交给仓储运营团队。

第二，成果宣传。仓储项目管理宣传的是仓储项目从无到有的过程，最好的展示形式是将项目推进过程通过视频的形式表达出来，这样给人的感觉更直观。不过，这就要求团队成员在日常推进各项工作的过程中要注意积累图片和视频素材。项目经理也可以借助一些监控设施获取这类素材。

第三，宣传团队。项目成功的背后是项目团队的付出，项目经理可以借机强调自己及所带领团队的影响力，以便在接下来新的项目启动中，拥有更多的发展机会。

第四，表彰优秀。项目经理要在会上对项目启动过程中表现优秀的团队成员给予表彰，比如颁发荣誉证书和提供适当的物质奖励（现金或者其他形式）。提醒一点，项目经理在评选优秀成员的过程中，应尽量从多个维度进行，尽量做到公平、公正。

第五，感谢支持。常见的项目团队的组织架构是矩阵型，也就是大部分团队成员都是从其他部门抽调过来的专职或者兼职人员，项目经理要借此机会，充分感谢所有为项目提供帮助的人，用感恩的心换取领导、职能部门经理和其他同事们的支持，毕竟，以后再有项目启动，还需要他们的支持。

邮件。将写好的项目总结报告以邮件的形式发送给所有与项目相关的人员。这种情况确实会存在，比如一些小型的项目在结束时，没必要大张旗鼓地邀请领导和其他部门经理一起参加项目总结会，发封邮件即可。

文字是具有穿透力的，它让项目经理及团队成员对项目的付出留下了痕迹，且可以让更多的人看到项目团队的努力，甚至能跨越公司的管理层级，比如项目发起人如果觉得项目总结报告写得不错，就可能转发给他的上级领导，让更高层的领导看到。另外，如果公司有自媒体平台，项目经理还可以在自媒体平台上同步宣传。

项目成功，所有人都成功了！

第2部分
规　划　篇

　　了解了项目管理的方法论，接下来，我们就要进入实战环节，通过规划篇和落地篇两部分的内容，串联仓储项目管理需要完成的八大模块。

　　在仓储项目管理阶段，科学、合理的规划方案将会为后期的运营管理规避掉很多不必要的麻烦。运作效率是设计出来的，不是在后期运营管理中监督、检查、改进出来的。在规划过程中，投入再多的资源和精力都不为过！

　　本部分着重介绍仓储项目管理中需要重点关注的仓库布局规划、组织结构搭建、作业流程设计三大方面，分别对应解决未来仓库运营管理中的3个主要问题，即货物在仓库中如何存储、人员队伍如何搭建、仓库业务如何操作。

第 3 章

▼

仓库布局规划

　　仓库布局规划是指设计者基于货物的特点和场地的环境,对仓库布局进行整体上的规划设计。设计者必须着眼于大局,通盘考虑。在做仓库布局规划时,设计者既要关注仓库的面积利用率,也要考虑排位的利用率,以及仓库布局对运作效率的影响。

　　本章我们先从园区、库区的规划原则谈起,通过准备货物信息、存储量信息、货架类型及优缺点等,为仓库布局规划做好基础信息准备。设计者应结合货物信息及对仓库 CAD 图纸的分析结果展开设计,然后进行验证,最终确定合适的仓库布局规划方案。

3

3.1 仓库区域规划

3.1.1 园区规划原则

如果自建或者租赁的仓库属于独门独院，那么设计者在规划时要遵守两个原则。

1. 工作区和生活区分设原则

仓库内是禁止使用明火的，以防止发生火灾，而生活区因为有食堂，肯定要用到火。为了保护货物，仓库要做好防鼠、防蚊虫等工作，而生活区因为有食物，很容易滋生虫害。因此，如果园区配套有食堂和住宿的场所，就要对仓储活动的工作区和生活区进行物理上的隔离。

2. 货车单向流动原则

园区内设置唯一的入口和出口，出入口可以是两个独立的门口，也可以在同一个门口，但是需要划分出两个通道进行区分。园区内的道路尽量规划成单行道，货车的驶入和驶出沿着同一个方向，避免造成交通堵塞或者事故。

3.1.2 库区规划原则

接下来，我们把视角从园区转向仓库的内部，对库区进行规划时需要遵循以下 5 个原则，如图 3-1 所示。

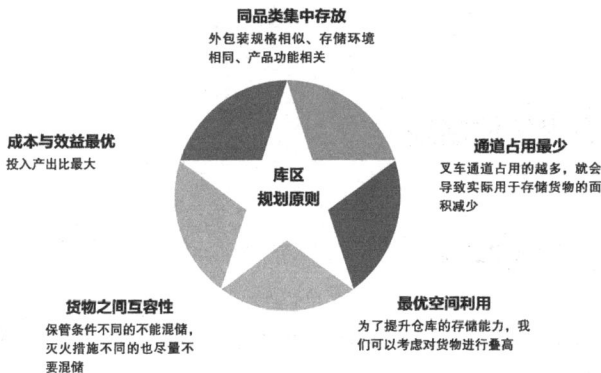

图 3-1　库区规划原则

1. 同品类集中存放

首先，我们要了解什么是品类。品类指的是对存储的商品所做的分类。举个例子，宝洁旗下的品牌，如海飞丝、飘柔、潘婷、沙宣，佳洁士、欧乐 B、汰渍、碧浪等，分别对应三大品类：头发护理类、口腔护理类、织物护理类。

为什么要将同品类存放在同一个区域？第一，同品类产品的外包装规格相似，做排位的规划时可以设计同类型的排位；第二，同品类产品对存储环境的要求相同；第三，发货时同品类产品通常会因为功能相关而一起批量出货，这样做可提升备货效率。

2. 通道占用最少

叉车通道主要分布在存储区内，存储区的面积有限，叉车通道占用的越多，就会导致实际用于存储货物的面积越少。

如何减少叉车通道的面积？从两个方面来讲，一是避免每个叉车通道设计得过宽，应参考叉车的转弯半径进行设计；二是减少叉车通道的数量，可以考虑增大单个排位的容量。

3. 最优空间利用

为了提升仓库的存储能力，我们可以考虑对货物进行叠高。比如，使用货架存储就可以提升仓库的空间利用率；如果不安装货架，采用平面库存储，可以考虑将相同的货物叠盘存储。当然，货物并非堆得越高越好，我们还要考虑货物的最大叠放高度，因为一旦超出堆码极限，在长时间的存储过程中，底部货物很容易因受重压变形造成货物倒塌。

4. 货物之间互容

存储在同一区域的货物必须具有互容性，如果货物的性质及其他方面相互之间有影响，则不能存储在同一个库房，具体如下。

保管条件不同的不能混储，比如对温度有特殊要求的货物（如巧克力），要求库房温度稳定在某个范围内，就不能存放在普通库房；本身散发特殊气味的货物（如轮胎），就不能跟带有透气孔（纸尿裤、卫生巾等）的货物存储在一起。

灭火措施不同的货物也尽量不要混储，否则不仅会增加安全隐患，而且会增加火灾控制、扑救的难度。如果一定要在同一个防火分区混储，火灾危险性等级应按其中火灾危险性大的确定 [9]。比如，混储润滑油产品和自熄性塑料及其制品时，我们需要将其存储于火灾危险性等级为丙类的仓库。

5. 成本与效益最优

成本与效益最优就是指投入产出比最大。在仓储项目的成本构成中，占比较大的是场地费用，如果租赁仓库，对应的就是仓库租金和物业费。一般来说，每天的租金等于每天每平方米的费用乘以租赁仓库的面积，因此，当每天每平方米的租金相对不变时，租赁仓库的面积对整体租金的影响就会比较大。如果想减小租赁仓库的面积，那么通过采购货架提升空间利用率是不错的选择。

需要注意的是，如果要采用货架，那么我们在考虑投入时，除了要考虑货架的采购费用之外，还要考虑配套的高位叉车的采购费用及叉车司机的工资等成本。关于仓库中是否要安装货架，我们会在本章的第 3 节中展开讲解。

3.1.3 库内如何分区

仓库的平面区域可以划分为装卸区、暂存区、存储区及其他区域。

（1）装卸区。

装卸区指的是装车、卸车的区域。如果车辆需要月台或者装卸门才能装卸，那么装卸门及其两侧即可划分为装卸区；如果车辆直接在露天场地装卸，那么装卸区应尽量靠近作业门。

（2）暂存区。

暂存区指的是缓冲区。在收货过程中，从车厢里卸下来的货物，需要先放到暂存区进行清点、交接、系统收货，然后才能转移到存储的排位上。在发货过程中，从排位上拣选的货物，需要先放到暂存区进行清点、交接、系统发货，然后才能转移到车厢内。

（3）存储区。

存储区指的是存储货物的区域。存储区分为 3 个部分：存储排位、散货拣选排位和叉车通道。

如果使用货架存储货物，我们还要考虑在部分排位的一层设置散货拣选排位。若订单的最小单位是箱，则散货拣选排位上的货物以箱为单位存储；若订单的最小单位是支（支小于箱），则以支为单位存储。

如果是使用平面库存储，除非仓库面积充裕，否则存储排位和散货拣选排位通常没有必要做明显的划分。

（4）其他区域。

其他区域指的是跟仓储管理活动相关的配套区域，如现场办公区、托盘存放区、叉车停放区、叉车充电间、系统终端设备充电间、清洁工具存放区等。如果仓库的订单既包括 B2B 订单，又包括 B2C 订单，那么还要单独设立 B2C 订单的分拣打包区。

3.2　基础信息准备

3.2.1　货物信息

（1）每个物料的基础信息，包含品名、物料代码、尺寸（长、宽、高）、重量。

（2）每个物料的堆码标准，包含多少箱为一个整盘、每层的码放方式、共码放多少层。

（3）每个物料的叠放标准，包含是否可以叠盘存储、最多能叠放多少盘。

（4）每个物料的托盘标准，包含托盘的材质（如木托盘、钢托盘、纸托盘、塑料托盘等）、托盘的结构（如平托盘、柱式托盘、箱式托盘、轮式托盘等）、托盘的尺寸（如长、宽）。

3.2.2　存储量信息

根据业务特点，存储量信息可分为两类。

1. 预测数据

新投产的生产型企业通常只能提供未来一年的预测数据，比如工厂所要生产的最小库存单位（Stock Keeping Unit，SKU）个数、满产情况下每天最多生产的 SKU 个数、生产线的条数、每条生产线每小时的最大产能、平均每月的进出体积（或重量）、平均每天的存储体积（或重量）。

如果是分销中心仓库，那么除了生产线下线入仓数据之外，我们还要了解外部调拨到货的数据（指从全国其他工厂调拨过来的货物），比如外部调拨到货的 SKU 个数、平均每天到货的 SKU 个数、每月调拨到货的进出体积（或重量）、平均每天的存储体积（或重量）。

2. 历史数据

对于已经投产且运营几年的仓库，我们可以获取历史运作数据，如果有仓库管理系统，就可以直接从系统中抓取完整的历史库存数据，其主要包含以下两个方面的内容。

第一，存储数量信息。如果仓库人员每天做库存量数据分析，我们就能获取每天的存储体积（重量）。我们可以从多个维度分析库存量数据，比如平均每月的存储体积（重量）、库存量的波峰和波谷分别出现在哪个月、库存量最高的时候是多少等。

第二，存储产品信息。从存储量比较高的月份抓取某几天的具体库存信息，包括代码、批次、数量（箱）、每个代码对应的整盘堆码标准等，基于这些，我们就可以分析出每个代码、批次对应的产品在当天有多少个整盘、多少箱散货等。

3.2.3 货架的类型及优缺点

1. 横梁式货架

横梁式货架由立柱、横梁组成，结构简洁、安全可靠，具有承重大、适应范围广泛、选取效率高，并且有可机械存取等特点，但空间利用率一般。

横梁式货架在实际的运行操作过程中可以更加方便作业人员存取货物，通用性比较强，适用于各类型货物的存放。横梁式货架还可以配层板，比如钢板、密氨板或格栅网，以便使用不同尺寸的托盘。因为每个排位存放一盘货物，所以货物的出入库不受排位的先后顺序限制。

2. 驶入式货架

驶入式货架又称通廊式货架或贯通式货架，可供叉车驶入通道存取货物，适用于存取品种少、批量大的货物。跟横梁式货架相比，因为减少了叉车通道的占用，仓库的空间利用率至少能提升30%。

由于叉车在驶入式货架的通道里面行驶，因此驾驶者必须非常小心，建议在驶入式货架通道两侧安装导轨，以加快叉车的运行速度并保护立柱不被撞坏。

货物如果从货架同一侧进出，那么货物先存后取、后存先取，遵循先进后出的原则。从叉车存取的可靠性和效率上考虑，每个排位的深度不建议超过 5 盘。假设驶入式货架有 5 层，那么每个排位的存储能力最多为 25 盘。

另外，驶入式货架的稳定性是所有类型的货架中较为薄弱的，因此，驶入式货架不宜过高，一般在 10 米以内，且货架之间还需加设拉固装置。

3. 重力式货架

重力式货架又叫自重力货架，属于重型货架，是横梁式货架的衍生品之一，结构与横梁式货架相似，只是在横梁上安装了滚筒式轨道，轨道呈 3°~5° 的倾斜。托盘货物被叉车搬运至货架进货口，利用货物自重，托盘从进货口自动滑行至另一端的取货口。

需要注意的是，货架总深度（即轨道长度）不宜过大，否则不可利用的上下"死角"会较大，从而影响空间利用率。此外，轨道过长，下滑的可控性就会较差，下滑时的冲力就较大，易造成下滑不畅、托盘货物停在轨道中间或倾翻等情况。

为使下滑流畅，如轨道较长，应在中间加设阻尼装置。为使托盘货物下滑至最底端时不会因冲力过大而倾翻，应在坡道最低处设缓冲装置和取货分隔装置。重力式货架的设计、制造、安装难度较大，成本较高。

4. 穿梭式货架

穿梭式货架系统是由货架、穿梭车（又叫台车）及叉车组成的高密度储存系统。跟驶入式货架和重力式货架一样，使用穿梭式货架也是为了提高仓库的空间利用率。

货架上的货物转移主要靠穿梭车，因此，跟驶入式货架相比，穿梭式货架的操作安全系数高，货架与叉车的碰撞少，上下架效率高。另外，在操作过程中穿梭式货架对照明要求相对较低。

对于堆码标准不统一的产品，如果在存取过程中容易发生倒塌，那么不建议采用此类货架。因为在穿梭式货架上整理倒塌的货物比较麻烦。

3.3 仓库布局设计

3.3.1 仓库 CAD 图纸分析

设计者在拿到电子版的图纸以后应对其进行简单的分析，主要包括以下内容。

（1）仓库尺寸

仓库尺寸指的是单个仓库防火分区的尺寸，包括长、宽、高。设计者要在图纸上找到装卸作业门、防火卷帘门、消防逃生门、人员进出库门、消防栓等对应的点位，在后期对仓库进行规划时要注意留出这些区域。

（2）柱网间距

柱网[10]是指单层厂房、多层厂房中，承重柱在平面排列时形成网格。柱网间距即柱网密度，是指每两个柱子之间的空隙大小，其中，纵向间距叫作跨度，横向间距叫排距。比如，有的现代高标仓库的柱网间距是 12 米 ×36 米。

3.3.2 影响货架安装的 4 个因素

在仓库内安装货架可以在一定程度上提升仓库单位面积的存储能力。不过，对于货架的使用方而言，货架的采购费用是一笔不小的固定资产投资，在决定是否安装货架时应该慎重一些。那么，在决定是否安装货架时，我们需要考虑哪些因素呢？具体如图 3-2 所示。

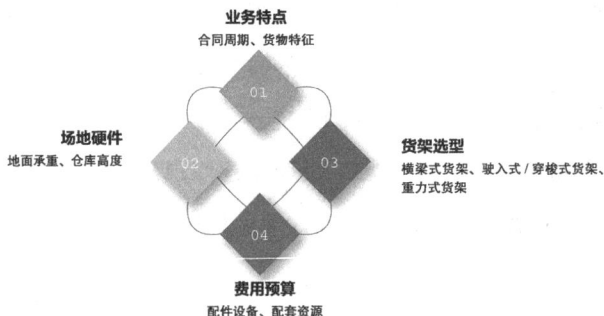

图 3-2　影响货架安装的 4 个因素

1. 业务特点

首先，我们要考虑现有的业务是否需要安装货架。

合同周期。如果是承接甲方的仓储物流业务，那么物流企业跟甲方一定存在约定的合同周期。如果合同周期短，比如一年，那么在考虑安装货架时，我们一定也要考虑合同到期后，甲方不再续约时该如何弥补货架的折旧费用，以及货架在未来其他业务上的通用性。如果是生产或者贸易型企业的自营仓储物流业务，且仓库并非自建仓库，我们则要考虑租赁合同周期。

货物特征。货架方案通常是基于某种货物的特征来设计的，因此我们要分析拟存储的货物是否适合往货架上存放，具体内容如下。第一，货物是否规则？最好能码放到托盘上，然后以托盘为单位进行存储；第二，不安装货架的情况下，是否有其他提升单位面积存储能力的方法，比如一些 200 升的大桶润滑油产品可以直接叠盘 4 层，这种情况就没有安装货架的必要。

2. 场地硬件

不是所有的仓库都适合安装货架，我们主要应考虑以下两方面。

地面承重。我们需要对比地面的设计承重（可以从建筑图纸中找到）是否大于安装货架后的实际承重。其中，实际承重包括货架自身的重量，以及货架上放满货物后的重量。如果实际承重超出设计承重，那么轻则造成地面沉降，重则造成地面塌陷，引发安全事故。

仓库高度。大部分仓库的屋顶都是人字形的，这就涉及两个高度：檐高（屋檐到室内地面高度）和顶高（屋顶最高点到室内地面高度）。其中，檐高小于顶高。另外，还要留出 50 厘米的灯距。如果可供放货的安全高度低于 5 米，我们则要进一步分析安装货架的必要性。

3. 货架选型

仓库的货架种类比较多，前文已经有过具体的分享，这里再简单做个区分。

横梁式货架。主要用来存储品种多、单一品种批量少的货物。比如，横梁式单进深货架，每个排位只能存放一盘货物；横梁式双进深货架，每个排位可以存放两盘货物（前后存放），不过这种货架需要使用配套的双进深叉车。

驶入式货架／穿梭式货架。这两种货架比较适用于存储品种少、单一品种批量比较大的货物。但是相比较而言，更推荐使用穿梭式货架，虽然费用更多，但是排位的利用率及取放货效率更高。比如，排位深度为5盘，货架层高为5层，占用的空间一样，对于驶入式货架来说，横向和纵向上的25盘属于一个排位，而对于穿梭车货架来说，每层即为一个排位，也就是每个排位放5盘，共5个排位。

重力式货架。通常在工厂的原材料仓库中比较常见，一端放货，然后在另一端取货，不过此类货架的单个货位的成本比较高。

4. 费用预算

我们在采购货架时，不能单纯地考虑货架本身的购置费用，还要考虑配件设备和配套资源等的费用。

配件设备。在安装货架时，我们通常要从安全角度做一些考虑。比如，在货架立柱前设置防撞柱、在货架两端设置防护栏、在货架高层排位上设置防护网等。另外，影响货架采购成本的因素还有货架的物流费用、安装费用等。

配套资源。既然使用货架来存储，那么以往使用平面库存储所使用的叉车在举高方面就会存在不足，因此，企业还要采购或者租赁一些高位叉车来完成取货和放货作业。有了高位叉车，企业还要配置一定数量的高位叉车司机，后续高位叉车使用过程中的维修、保养等，也是会产生费用的。

总之，是否选择使用货架，一定要经过综合分析再做出决定。首先，我们应该基于业务特点，比如合同周期、货物特征等，确定是否有必要安装货架；其次，关注仓库的硬件条件，比如地面承重、仓库高度等是否满足安装货架的条件；再次，根据货物的特点，找出合适的货架类型；最后，在采购货架时，除了货架自身的购置费用外，还要考虑因此产生的配件设备及配套资源的费用。

3.3.3 假设与验证

1. 该有的区域不能少

前面我们说过，在仓库的平面区域可分为 4 个：装卸区、暂存区、存储区和其他区域。很多人在设计仓库布局时，会忽略掉或者无限压缩暂存区的面积，实际上这个区域是辅助作业的功能区，如果它的面积太小，就会导致收货或者备货的货物占用叉车通道或者其他空间，从而容易出错。

暂存区的面积如何确定呢？主要参考两个方面：第一，在同一个防火分区内，计算每个轮次同时作业所需的收货、发货车辆数；第二，计算每车货物都码放到托盘上，需要使用多少个托盘。

通过每车货物使用的托盘数，我们可以计算出所占用的暂存区的面积，然后乘以每个轮次同时作业的车辆数，就能计算出该防火分区所需预留的暂存区的面积。

2. 减少通道数量，多用"背靠背"

靠近防火墙的排位，在预留出墙距后，可以直接设计成单行的排位。

在设计非靠近防火墙区域的排位时，建议采用"背靠背"双行排列，减少叉车通道占用的面积。这样的设计使得叉车在同一个叉车通道上可以双向作业。

3. 叉车通道一路通畅

在设计仓库的布局时，叉车通道一定要保持通畅，尤其是如果库房中间有柱子时（楼库的柱子特别多），不能把柱子规划到叉车通道上。叉车通道具体设计成多宽，需要参考叉车的转弯半径。

4. 消防设施前方没有阻挡

按照消防要求，消防栓前面不能有阻挡，因此，消防栓前面是不能规划用来存储货物的排位的。另外，消防逃生门，以及人员进出通道、货物的进出门前面，也不能有货物。

5. 以批量定排位容量

以批量定排位容量就是指一个排位上计划存储多少个托盘的货物，取决于同一个物料代码的批量。

在同一个批次下，对于入库批量大的货物，我们在设计排位时，就可以考虑大排位。比如饮用水或者饮料，同代码、同批次下的生产批量是几百盘，如果不使用货架但是可以叠盘存储的话，排位的容量就可以设计成15盘（纵深5盘，叠盘3层）的规格。

在同一个批次下，对于入库批量小的货物，我们在设计排位时，就不能设计成大排位。如果这样设计，很容易导致排位的满载率降低，造成排位闲置（同代码、同批量存放到同一个排位），比如高端化妆品、精密电子设备等，就要设计成小排位。

在设计排位容量时，如果存储的货物存在多个品类，且每个品类货物的差异比较大，那么出于通用性的考虑，我们尽量不要按物料代码逐个设计排位容量，而应从不同品类的统一性的角度进行设计。

另外，如果设计的是大排位（排位容量为3盘及以上），那么我们要适度配置一些小排位（一个排位放一盘货物）。原因有两个：第一，收货时，难免会出现一些散盘，也就是不足一个整盘的货物，可以放到小排位上；第二，发货时，未必能把同一个排位上的货物全部清空，及时将剩余的一两盘货物转移到小排位上，就可以把大排位的存储能力释放出来。

把大排位的存储能力释放出来非常有必要。系统的入库放货逻辑是，只要排位上有货物，不管满载率是20%、40%，还是80%，这个排位就处于占用状态，在入库时，系统就不允许往这个排位上放货。那么，在平时仓库运作不忙的时候，我们就可以安排叉车司机做一些库内转移的工作，比如把那些未满载排位上剩余的一两盘货物转移到小排位上，这样就能把大排位的存储能力释放出来。

6. 排位之间适当留出缓冲空间

每个排位跟排位之间要留出来一定的缓冲空间。

如果不安装货架，直接在地面上画线，则绝不能完全按照托盘的规格设计排位，两个相邻的排位之间要留出安全空间或者缓冲空间。缓冲空间的作用主要体现在两个方面：第一，并非所有的货物都不超盘，一旦超盘，有了缓冲空间，本排位货物不至于占用其他排位的空间；第二，对于排位深度为两盘及以上的排位，通常要使用平衡重叉车放货和取货，在设计时我们还要考虑叉车的车身宽度，确保叉车能进去。

如果安装货架，通常货架公司会根据我们使用的托盘规格，在相邻的排位之间留出一定的空间作为缓冲。比如，对于常见的横梁式货架，横梁的长度通常是 2.7 米，有四根立柱和两根横梁，这就组成了左右两个排位，可以放 1.2 米 ×1.2 米的托盘，也可以放 1.2 米 ×1 米的托盘。

另外，在设计排位时，我们还需要留出其他的缓冲空间，包括顶距至少为 50 厘米（如果是人字形屋面，则以屋顶的横梁作为参照）、灯距至少为 50 厘米、墙距至少为 50 厘米、柱距至少为 30 厘米，平面库的排位跟排位之间的距离至少为 10 厘米。

7. 散货排位一比一配置

如果在发货、拣货时，系统会自动将每个代码的发货数量拆分成整盘货物和散箱货物，我们就要考虑设计散货排位，尤其是安装货架的仓库。

原则上，每个 SKU 匹配一个散货排位即可，比如仓库内涉及 100 个 SKU，就需要有 100 个散货排位。为了提升拣货效率，货架仓库的散货排位一般设置在横梁式货架的第一层，而且，散货排位应尽量靠近仓库的暂存区。

根据货物信息、存储量信息，我们可以计算出在满足存储量的前提下，实际需要的托盘数量。

基于以上 7 点，我们可在 CAD 图纸上进行仓库布局设计，并统计可设计的排位数量和对应的托盘数量。将可设计的排位数量和实际需要的排位数量进行对比，即可检验出设计方案是否能满足存储需求。如果设计方案不能满足存储需求，我们就要复盘设计方案是否有优化空间，如果没有，则考虑增加仓库的面积。

3.3.4 仓库布局设计的工具

1. CAD

CAD 是专业的绘图软件，对于从事仓储管理相关工作的人员来讲，其使用频率远低于常见的办公软件，因此，很少会有仓储管理人员专门学习如何使用 CAD 绘图。

如果你想让仓库布局设计显得高级，可以付费请当地的一些广告公司帮忙绘图。另外，如果你打算在仓库内安装货架，也可以联系一些货架公司，让其技术人员帮忙绘图。

2. Excel

除了使用 CAD 软件绘图之外，我们也可以使用 Excel 来制作示意图。

我们可在一个 Excel 中建立多个工作表，比如基础数据、布局设计示意图、排位及托盘数统计、货架类型等。这样，不管是图示还是数据，整个设计方案都一目了然。以之前我所设计的一个方案为例，主要用到的是穿梭式货架和横梁式货架，相应的货架类型工作表如图 3-3 所示。

图 3-3　货架类型工作表

第4章

▼

组织结构搭建

组织结构搭建就是以科学的组织结构设计理论为指导，结合仓储业务的特点，确立仓储运营管理阶段合理的管控模式，实现资源价值最大化和组织绩效最大化。也就是在人员有限的状况下，通过组织结构设计提高组织的执行力。

本章我们先从组织结构设计的理论知识谈起，通过组织结构设计的 4 个原则、6 项内容、5 个步骤，了解如何设计组织结构，再基于货物信息、吞吐量信息、运作效率等测算各岗位需要配置的人员数量及设备数量，最后设计符合运作需要的组织结构、岗位职责及薪资结构。

4

4.1 如何设计组织结构

4.1.1 组织结构设计的 4 个原则

我们在设计组织结构时要遵循任务与目标原则、因事设岗与因岗用人相结合原则、分工适度原则、执行与监督分设原则，如图 4-1 所示。

任务与目标原则
围绕组织目标设计组织结构，当组织目标发生变化，组织结构也要跟着做调整。

因事设岗与因岗用人相结合原则
先因事设岗，再因岗定人，避免因人设岗。做到事事有人做，事事得其人。

分工适度原则
按专业分工，让专业的人做专业的事。不设太多的层级，管理结构尽量扁平化。避免分工过细，成为"工具人"。

执行与监督分设原则
避免"既当运动员，又当裁判"，当执行者同时又是监督者，其监督职能己经名存实亡。

图 4-1　组织结构设计的 4 个原则

1. 任务与目标原则

组织结构设计必须满足目标的需要并有利于目标的实现。组织结构的全部设计工作必须围绕目标展开，目标既是出发点，也是归宿点。

仓储运营管理的任务同运营管理团队的组织结构之间是同目标、同手段的关系，而衡量组织结构设计的优劣，则要以组织结构设计是否有利于实现仓储运营管理的经营目标作为最终的标准。当目标发生改变的时候，组织结构也要做出相应的调整，这也意味着一旦组织的任务与目标终止的时候，现有的组织结构也要解散。

2. 因事设岗与因岗用人相结合原则

组织结构设计一定体现为先有需要做的事，再根据要做的事来设计相关的岗位，然后根据岗位的要求找到合适的人选。也就是先因事设岗，然后因岗定人，确保完成任务所需要做的事项都有合适的人员跟进。

我们一定要避免因人设岗，这样很容易导致组织结构臃肿——人比事多，以及有些事可能没有人跟进的情况。组织结构设计上的缺陷会传导到实际的仓储运营管理中，进而会影响整个团队的氛围和士气。

3. 分工适度原则

分工主要以业务的需要为出发点，分为横向和纵向两个方面。横向分工是指按职能分工，纵向分工是指按管理线条分工。需要注意是，横向分工要确保按专业分配，尽可能精简，能合并的就合并。纵向分工不要设置太多层级，管理结构要尽量扁平化，这样管理和沟通的效率才能更高。

适度的分工可以提高生产效率，分工过度则会带来麻烦。分工过细会让员工觉得工作重复、单调、枯燥，自身不能充分发挥主观能动性，而变成了"工具人"。另外，虽然要分工，但是绝对不能"分家"，员工分工的同时还要合作。

4. 执行与监督分设原则

在组织结构中，监督是一个重要职能，尤其是对于一个大型的仓储项目来讲，更是不可或缺的。因为仓库经理的精力有限，无法时时刻刻盯着项目的运行是否有偏差，员工是否存在违规行为，而且，有些监督工作也并非仓库经理所擅长的，对专业性要求较高。

监督岗位主要负责安全管理和质量管理，制订标准并检查标准的执行，对违规的行为进行记录、分析、反馈、跟进。执行岗位，也就是跟仓库运作强相关的岗位，主要负责在制度允许的范围内，在标准作业程序的指导下，完成收货、在库管理、发货等。

我们在设计组织结构时，一定要避免部分岗位"既当运动员，又当裁判"，即既当执行者又当监督者，若是如此，监督职能则名存实亡。

4.1.2 组织结构设计的 6 项内容

（1）职能设计。

职能是指作用和功能，我们需要根据组织的目标来确定组织的基本职能及其构成。对于小规模的组织，其职能至少要包括运作职能和监督职能。

（2）框架设计。

框架设计是组织结构设计的主要部分，对于企业而言，其内容简单来说就是纵向分层次、横向分部门。在针对具体的仓储运营管理业务设计组织结构时，横向上不会在部门中再设计小的部门，而是分成不同的小组。

（3）协调设计。

框架设计主要研究分工，有分工就必须要有协作。协调设计就是研究分工的各个层次，各个小组之间如何合理地协调、联系，以保证岗位之间高效配合，发挥管理系统的整体作用。

（4）规范设计。

规范设计就是制订规章制度，规章制度是管理的规范和准则。因为我们启动的仓储项目隶属于企业，所以，只需要制订跟仓储运营管理相关的规章制度，其他方面遵照企业原有的规章制度执行即可。

（5）人员设计。

人员设计主要包括管理者的设计和员工的设计，我们需要为这两大类岗位分别配置相应数量和质量的人员。人员设计的目的是通过配备合适的人员担任组织结构中规定的各项职务，以保证组织活动的正常进行，进而实现组织既定的目标。

（6）激励设计。

激励设计针对的是管理岗位及关键的操作岗位。激励分为正激励和负激励。正激励具体指工资、福利、奖金等，负激励主要是指各种约束机制，也就是奖惩制度中的惩罚条例。激励设计既有利于调动人员的积极性，也可以防止一些不正当和不规范的行为的产生。

4.1.3 组织结构设计的 5 个步骤

1. 分解任务，形成岗位

首先，根据目标一致和效率优先的原则，我们可把旨在达成组织目标的总任务划分为一系列既不相同又互相联系的具体工作任务（这里主要参照的是标准化作业流程）。然后，根据一个人可以承担的劳动量，将一个或者几个事项合并在一起，构成一个由单人就能承担的具体工作岗位，岗位是完成任务所需的最小的组织单元。设计一个全新的组织结构，实际上就是从下而上地进行从基层操作岗位到管理岗位的设计。

2. 整合单元，形成小组

我们把相近的工作归为一类，在每一类工作之上建立相应小组。这样，组织内就根据分工建立了职能各异的模块。比如，大型的仓配一体化业务中涉及的小组包括仓库小组、客服小组、配送小组；单纯的仓储业务中涉及的小组包括收发货小组、拣货小组、系统小组、库存小组、安全质量小组等。这些小组的名称可以不在组织结构图中显示，不过我们一定要将各小组有序排列，这样展示出来的效果会更清晰。

3. 设计跨度，确定职权

所谓管理跨度，就是一个上级直接管理的下级的人数。在实际的组织结构设计中，我们可以根据人员素质、工作复杂程度、授权情况等因素合理地决定管理跨度。我们也可以授予各级管理者完成任务的责任和权力，从而确定组织成员间的职权关系（横向职权关系和纵向职权关系）。另外，我们应遵循每个岗位有且只有一个上级的原则进行设计，避免双重领导的情况发生。

对于小型的仓储项目，仓库主管可以直接管理几乎所有的基层操作岗位，比如仓管员、叉车司机、拣货员、装卸工等。

对于中型的仓储项目，为了降低仓库主管的管理难度，可以在主管和基层操作岗位之间再设一个层级，比如小组长，这样，仓库主管直接管理收发货组长、叉车组长、拣货组长、装卸组长等，然后由各岗位的组长直接管理小组中的成员。

在大型的仓储项目中，因为每个基层操作岗位的人员都比较多，所以，除了仓库主管外，还会设计库存主管、调度主管等岗位，他们统一向仓库经理汇报。

4.制度约束，形成文件

我们需要使用合适的工具，将设计的组织结构用文字、图表等形式表达出来。跟组织结构设计相关的文件包括组织结构图、各岗位职责说明、薪资标准、每个岗位的上下级及平行级别说明。

为了确保仓储运营团队能够长期稳定运行，并提高其决策效率，我们需要建立涵盖各方面工作的组织运行制度体系，用制度来解决组织运行中能够预见的所有常规问题。

5.动态优化，不断完善

组织结构设计不是一蹴而就的，而是一个动态的不断修改和完善的过程。组织在运行过程中，必然会暴露出许多矛盾和问题，也会获得某些有益的经验，这一切都应作为反馈信息，促使我们重新审视原有的组织结构，实时进行组织结构的优化，使其不断完善。

另外，我们要始终记得，组织结构设计是为实现组织的目标服务的，因此，当仓储业务需求或者内外部环境发生重大变化的时候，要及时地对组织结构进行调整。

4.2 岗位人员及设备数量测算

在仓储运营管理活动中，主要涉及以下 4 类岗位。

·基层操作岗位，也就是跟收发货强相关的岗位，如仓管员、叉车司机、拣货员、装卸工等，没有这些人员，仓库的各项工作就无法正常运转。

·辅助运作岗位，就是岗位人员不直接参与收发货，但是在做跟收发货相关工作的岗位，如仓库调度员、系统文员、盘点员、数据统计员、安全专员、质量专员等。

• 行政后勤岗位，就是给仓储运营管理团队提供后勤保障的岗位，如清洁工、保安、行政人事专员等。

• 管理岗位，就是岗位人员从事的工作带有一定比例的管理属性的岗位，可分为基层管理岗位和中层管理岗位，具体包括仓库经理、仓库主管、库存主管、仓库调度主管、系统主管、设备主管、安全质量主管、后勤主管等。

4.2.1 基层操作岗位人员数量测算

1. 测算公式

作业人数 = 每天的作业量 ÷ 作业时间 ÷ 作业效率

• 作业人数，指的是每个岗位完成一定作业量的前提下，每小时需要配置的作业人数。

• 每天的作业量，指的是每个岗位每天参与收货和发货的作业量，单位通常是吨或者立方米。

• 作业时间，指的是每天的有效作业时间，如果仓库是 24 小时作业，那么需要去掉交接班时间、午餐和消夜休息时间。

• 作业效率，指的是每个岗位每人每小时完成的作业量。需要注意的是，在计算过程中，作业效率的单位要跟每天的作业量的单位匹配，如每天的作业量的单位是吨，作业效率就要表述为每人每小时完成多少吨。

2. 信息准备

通过观察测算基层操作岗位人员数量的公式不难发现，要想计算出基层操作岗位人员数量，最主要的是要知道每天的作业量和作业效率。

根据仓库功能的不同，每天的作业量分为 3 种情况。

如果是工厂配套的成品仓库，入库量可以从上游的生产车间处获得，我们可关注其每天的生产量。成品仓库的产品一般发往分销中心仓库，我们主要通过对接产品的调拨计划团队来获取出库量。

如果是分销中心仓库，那么入库量主要来自产品的调拨计划团队（生产下线到货及其他分销中心仓库的调拨到货）。出库量的获取方式分为两种：产品发往其他分销中心仓库的，对接调拨计划团队；产品发往末端的经销商或者零售商仓库，主要对接产品的销售团队。

如果是配送中心仓库，那么入库量主要来自采购团队，出库量主要来自销售团队或者门店。

在统计每天的作业量时，如果已知过去一年每月的作业量，那么我们应尽量计算出每月的平均作业量。每月的平均作业量除以有效的作业天数，就是每天的作业量了。注意，作业天数应是有效的，比如有的仓库，每周只在周一至周五进行收发货作业，周六、周日休息，那么，有效的作业天数就不能按30天计算，而应按22天（以一个月为30天、有4个完整的周为例）计算。

又该如何测算作业效率？主要有两种方法：经验法和测算法。

如果我们所在的企业，或者我们之前管理过的仓储业务，有跟目前要管理的业务相似的，那么，之前获得的与运作效率相关的数据实际上是非常有参考价值的，直接拿过来用就行。

如果没有经验数据可以参照，就要进行测算。最好的方式是进行实地测算，如果不具备此条件，我们也可以进行模拟推算。不过，为了确保推算出来的数据可靠，我们应多找几个仓储运营管理方面的专业人士求证，包括我们的测算逻辑及测算结果。

3. 特殊考虑

第一，不同岗位的作业量未必相同。比如，仓管员参与所有的收货作业和发货作业，散货的拣货员只会参与发货过程中那些不足整盘订单的散箱拣货，叉车司机要负责所有收货订单中产品的入库上架、发货订单中整盘货物的备货及补货。

第二，考虑作业班次和人员轮休。对于24小时连续作业的仓库，我们要考虑作业班次，假设每班的工作时长为12小时，那么每天至少要配置两班；另外，为了确保每月工作总时长合规，就要给员工提供必要的休息时间，假设让员工每周休息两天，那么，若员工周末只休息一天，则周一至周五期间，还要安排一天让员工休息，即调休或者轮休。假设仓管员每班需要足额配置 5 个人，那么，我们可以再增加一个人，确保每天都有一个人休息，且不影响仓库作业。

第三，装卸工的特殊性。大部分装卸工在装车、卸车的时候，都不是一个人独立作业的，至少是两个人为一个小组共同作业。基于这个前提，我们在计算装卸工的数量时，则要乘以每组的作业人数。

4.2.2 其他相关岗位人员数量测算

除了基层操作岗位之外，我们还要测算出来其他 3 类岗位的人员数量，包括辅助运作岗位、行政职能岗位，以及管理岗位。其测算逻辑主要是根据项目未来实际运营过程中的需要进行确定的。因为不同的业务的需求不同，这里便不做进一步的展开。总体原则就是，在成本、效率、质量三者之间寻找平衡。

4.2.3 设备数量测算

仓储里用到的设备，跟运作相关的主要分为 3 类：存储设备、搬运设备和其他设备。

• 存储设备，如货架、托盘。

• 搬运设备，如高位叉车、平衡重叉车、电动地牛、手动地牛、移动装卸作业平台等。

• 其他设备，如仓库管理系统（Warehouse Management System，WMS）及其配套的终端设备、充电间配套设备（放电瓶的底座、放充电机的货架、更换电瓶时使用的电葫芦、洗眼器、蒸馏水机等）、虫害控制设备（鼠笼及鼠胶、灭蚊灯）、办公设备（计算机、针式打印机、激光打印机、饮水机等）、办公室装修（硬装及软装）等。

1.存储设备

我们在 3.3.3 节中学到，通过在仓库的图纸上设计的货物布局，可以测算出来需要使用的仓库面积，以及排位数量和存放的托盘数量。

以货架数量的计算为例，我们可以不同类型的货架作为分类统计的依据，这样也便于后期计算货架的成本。具体做法是，在 Excel 中新建一个表格，表头分为 3 个部分，如表 4-1 所示。

表 4-1　排位数及托盘数统计表

货架通道号	排位数统计						托盘数统计					
	横梁式－存储 2200*1	横梁式－按箱拣货 2200*1	横梁式－存储 2700*1	横梁式－按箱拣货 2700*1	穿梭式－存储 2700*7	小计	横梁式－存储 2200*1	横梁式－按箱拣货 2200*1	横梁式－存储 2700*1	横梁式－按箱拣货 2700*1	穿梭式－存储 2700*7	小计
1-1												
1-2												
1-3												
1-4												
1-5												
2-1												
2-2												
2-3												
2-4												
2-5												
2-6												
2-7												
小计												

第一部分为"货架通道号"，指将货架通道号纵向罗列。假设货物要放到两个仓库内，1 号库设计了 5 排货架，2 号库设计了 7 排货架，就可以罗列成：1-1、1-2、1-3、1-4、1-5、2-1、2-2、2-3、2-4、2-5、2-6、2-7。

第二部分为"排位数统计"，指将不同的排位类型分类横向罗列。这里有 4 点需要注意：第一，排位类型，即货架是什么类型的；第二，排位功能，即排位是用于存储，还是用于按箱拣货；第三，每个排位的放货高度；第四，每个排位的深度，也就是能放几盘货。在统计时，罗列的是四者的组合，比如"穿梭式－存储 2700*7"，指的就是货架为穿梭式货架，排位用于存储，排位的放货高度是 2.7 米，每个排位可以放 7盘货。

第三部分为"托盘数统计"，罗列的字段跟第二部分的一样，两者是对应关系，但是统计的时候，托盘数等于排位数乘以排位深度，比如"穿梭式 – 存储 2700*7"表示一个排位可以存放的托盘数是 7。

除了货架，存储设备还包括托盘。仓库实际拥有的托盘数量应该大于等于把仓库所有的排位放满时需要的托盘数，因为有一定数量的托盘会用于发货及收货中的按箱拣货，额外储备 5%~10% 即可。

2. 搬运设备

搬运设备都是人来使用的，所以，想要计算出来搬运设备的数量，我们只需要搞清楚每种设备主要是由哪些人来使用就可以了。

高位叉车、平衡重叉车是由叉车司机操作的，这些设备的数量等于叉车司机每班有效的作业人数。比如，每班的叉车司机有 6 人，倒休 1 人，那么采购 5 台叉车即可。

电动地牛通常是辅助拣货员在发货备货时按箱拣货使用的，因此，我们只需要知道每班有效的拣货员的数量即可。

手动地牛通常由装卸工使用，其数量等于每班有效的装卸工数量。

移动装卸作业平台，通常是没有月台的仓库，且需要卸带盘的海运柜或者其他厢式货车中的带盘货物时才会用得到，其数量根据实际需要配置即可。

3. 其他设备

存储设备和搬运设备是跟运作强相关的设备，其他设备的数量需要跟相应的管理人员确认。比如，关于充电间配套设备的数量，设备主管会比较清楚，关于虫害控制设备的数量，质量主管会比较清楚。

4.3 仓储运营团队组织结构搭建

4.3.1 搭建组织结构

1. 制作组织结构图

制作组织结构图就是将仓储运营团队涉及哪些岗位，以及各个岗位是什么样的层级关系，通过图示清晰地展示出来。目前常用的制作组织结构图的工具主要有 5 种：Word、Excel、PPT、VISIO、思维导图。下面以 Word 为例，简单地说下制作组织结构图的步骤。

第一步，打开 Word，选择"插入 –SMART– 层次结构"；第二步，选择合适的或者自己喜欢的模板，从而获得 Word 中自带的"初始文本"模板；第三步，在文本框中填写具体的岗位名称；第四步，调整组织结构间的层级关系，在左侧的工具栏中右击并选择"升级"或"降级"选项，进行层级关系的调整，到这一步，组织架构图的框架就基本制作完成；第五步，根据需要对岗位的字体大小、颜色等进行微调。

用 Excel、PPT 制作组织结构图的操作步骤跟 Word 比较相似，因此不做赘述。另外，关于如何使用 VISIO 和思维导图制作组织结构图，网上有很多教程，大家自行搜索并学习即可。

2. 大型仓储项目组织结构图

此处我们设定的场景如下：仓库为独门独院，仓库的功能定位为辐射华北、华中区域的分销中心仓库，仓库存储的货物为快消品，涉及的 SKU 个数为 8000 多个；管理过程中，人们需要将产品细分到批次（批号中显示生产日期），仓库为占地面积为 6 万平方米的高标准立体仓库，货物全部存储在货架上；作业时间为 24 小时 ×7，人员两班倒（白班、夜班），每班的作业人数为 80 人左右，物流搬运设备 60 余台。其组织结构示意图如图 4–2 所示。

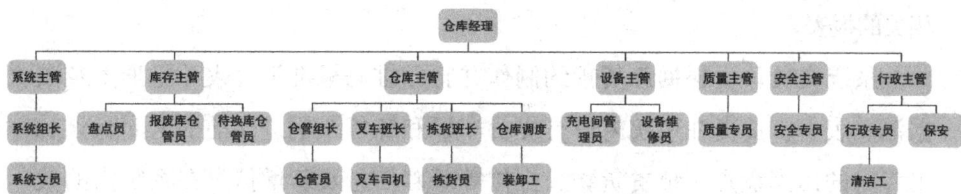

图 4-2　大型仓储项目组织结构示意图

如果仓库的占地面积小，业务结构简单，我们可根据实际需要设计组织结构。

4.3.2　描述岗位职责

此处结合 4.3.1 节中的大型仓储项目的组织结构，简要说明以下各个岗位的职责。

1. 中层管理层级

仓库经理负责制订所负责仓储项目的年度工作计划，并跟进落实，对项目的运作指标和经营指标负责；负责仓库运作、系统、库存、设备、安全、质量等工作，监控仓库每日的运作指标，定期组织回顾会，确保达成各项关键指标；负责落实公司的各项制度，传达公司日常运营中跟仓储运营管理业务相关的各项通知，以及跟其他部门之间进行沟通协调。

2. 系统小组

系统主管要理解并掌握企业资源计划（Enterprise Resource Planning，ERP）系统的逻辑；负责根据运作人员在使用中的反馈，或者基于修改后的运作流程，将优化系统的建议提交给系统开发商 / 开发团队，并跟进落实；负责带领系统组长做好系统的数据维护、优化等工作；负责系统操作手册的更新，以及对所有使用仓储管理系统的人员进行系统操作流程培训。

系统组长要理解并掌握仓储管理系统的操作流程，负责对系统文员进行流程培训；配合系统主管开展系统升级和测试等工作；检查并解决企业资源系统和仓储管理系统两个系统之间的库存差异；根据运作的需要，在系统内生成相关的报表。

系统文员负责根据卸货预约制作并打印堆码标准汇总表（星形图及数据汇总表）；负责在系统内进行提货车辆和卸货车辆进库前的入库盘点和出库时的出库盘点；负责货物、排位等基础信息及新增信息在系统内的数据维护；负责相关单据的交接、整理和存档。

3. 库存管理小组

库存主管负责制订盘点计划，培训盘点员，监督盘点计划的执行；对盘点员反馈的差异，及时调查原因，并将结果通报给仓库主管；对待换库仓管员就换箱作业流程进行培训，对完成换箱产品按照一定的比例进行抽查；对报废库仓管员就报废作业流程进行培训，制订报废计划，并监督报废库仓管员每天是否保质保量完成报废任务。

盘点员负责按照盘点计划实施每天的盘点工作；需要借助叉车登高盘点时，用盘点笼和安全带做好防护；对于在盘点中发现的差异，第一时间上报，并在每天的盘点结束后汇总当天的所有差异，填写相关的记录表。

报废库仓管员负责将待报废的产品转移到指定的区域，以及对待报废区域所存储货物进行管理；负责根据产品的报废标准做好实物一次报废的监督、系统内库存的消减、记录表填写等工作，并与下游的二次报废供应商做好清点和交接。

待换库仓管员负责将收货时发现的及库内员工操作失误造成的货损（外包装破损或箱内货物破损）产品及时转移到待换库；负责对外包装破损的产品按照作业流程进行换箱；负责根据需要申请箱皮，并对纸箱进行管理；对于换箱完成的货物，验收合格后，应及时将其转移至正常的存储排位。

4. 仓管收发货小组

仓库主管负责仓库运作流程的回顾和优化，以及流程的培训；负责组织协调各岗位人员完成每天的收货和发货任务；负责指导、监督仓库运作人员的作业行为，若发现问题要及时制止并纠正；负责配合部门内部其他主管的工作，包括通知的传达，反馈问题的调查分析、整改落实；负责与外部相关人员进行沟通协调，包括运输承运商、仓库供应商、客户等。

仓库组长负责对仓管员进行收货和发货流程培训；根据当天的作业量，安排合适的人员进行收货和发货作业；协助仓管员处理收发货过程中遇到的其权限之内无法解决的问题；对因仓管员失误造成的收错货、发错货等问题进行原因分析，找到产生问题的原因，做好全员分享和记录，并体现到责任仓管员的绩效考核中。

仓管员负责检查提货和卸货车辆的单据及证件的有效性；对提货车辆和卸货车辆进行检查，并做好记录；负责指导装卸工在卸货时，按照堆码标准码盘和缠膜，指导装卸工按照同一个客户的货物集中在一起的原则装车；负责对收取的货物进行清点及完成系统收货，对发出的货物进行复核及完成系统发货；负责跟提货司机和卸货司机交接，确认无误后，双方在单据上签字确认。

叉车班长负责对叉车司机进行货物的上下架流程培训；负责根据不同的作业任务（上架、下架、移库、卸货、装车等），匹配合适的叉车司机；对于仓管员或者盘点员复核出来的放错排位、备错货等问题，及时调查，找到原因，做好全员分享和记录，并体现到责任叉车司机的绩效考核中；做好日常的巡检，及时制止和纠正违规驾驶的行为，并做好记录。

叉车司机要熟练掌握指定型号叉车的驾驶技能，并持证上岗；负责将收货暂存区的货物上架到系统提示的排位；负责根据系统提示，到指定排位取货，运送至指定的发货备货区；遵守库区内叉车驾驶规定，避免违规作业；在交接班期间，负责跟接班的叉车司机交接叉车和钥匙，并做好交接记录。

拣货班长负责对拣货员进行拣货流程培训；负责根据不同的订单，安排合适的拣货员拣货；每天拣货完成后，组织拣货员收回散货排位旁边的空托盘及散落的缠绕膜；对于发货仓管员复盘出来的多拣、漏拣、错拣问题，及时找到责任拣货员，分析出错原因，做好全员分享和记录，并将其体现到责任拣货员的绩效考核中。

拣货员要熟练掌握电动地牛的驾驶技能；按照订单要求驾驶电动地牛到指定排位拣货，将货物码放到托盘上，托盘上放满货物后，将其送至指定备货区，重复作业直至订单拣货完成；所有的拣货任务完成后，负责将电动地牛停放到指定停放区，并将钥匙上交给充电间管理员。

仓库调度员根据仓库每天的作业能力，回复承运商的卸货和提货预约，按照货物的紧急性和车辆到厂的时间安排作业的时间段；负责提货和卸货车辆在进、出仓库前的登记手续办理以及单据复核；负责对装卸工进行装卸作业标准的培训、装卸作业单的开具以及作业量的统计；监控车辆的在库时间，对仓库的准时发货率和装卸效率指标负责。

装卸工要熟练使用装卸作业的工具（手动地牛、登高梯等）；按照装卸作业的流程进行卸货、堆码及装车作业；码放货物时，注意最外围一圈的货物代码批次朝外，不超盘超高，对堆码完成的货物使用缠绕膜或者缠绕带进行保护；装车时，注意重不压轻、大不压小，不倒置，不悬空，车厢内装两个及以上客户的货物时，做好物理上的隔离，车厢装不满时，车尾区域的货物码放成梯形，避免运输中发生倒塌。

5. 设备管理小组

设备主管根据物流搬运设备（叉车、地牛等）出现的状况，及时准确地找出故障原因，对出现故障的设备组织维修、故障排除等工作，确保设备的正常使用，减少设备故障对仓库运作造成的影响；制作设备维修、保养的年度费用预算，制作设备的保养计划并监督执行，对备件库的配件进行定期盘点，确保数量准确；关注市场中出现的先进搬运设备，实时引进对运作效率有明显提升作用且相关费用在预算范围内的设备；建立设备档案，并负责电子档案和纸质档案的管理。

充电间管理员负责将电量不足的电瓶从设备上取下来并及时将充满电的电瓶更换上去；负责对电量不足的电瓶按照要求进行充电；定期对充电间的设施设备，如充电机、电动葫芦、存放电机的货架等进行日常维护；保持充电间空气流通，并定期检查气体检测设备及强制通风设备的有效性，发现隐患后及时上报。

设备维修员要熟练掌握物流搬运设备的工作原理及维修技术，做到中小故障能自己维修，大的故障能及时联系厂家或者指定的维修点维修；负责物流搬运设备的日常保养；负责易损件的储备及管理，确保小故障的解决不超过 24 小时；填写日常的各种维修、保养记录，并及时更新到设备档案中。

6. 质量管理小组

质量主管负责建立培训体系，定期跟踪培训的情况，确保所有上岗操作的人员均已接受并通过了作业流程培训；组织流程负责人定期对流程进行回顾、更新和培训；制订年度的质量主题活动，并组织实施；对发生的质量事故进行调查，分析原因并跟进改进效果；定期联合仓库主管及其他组织人员到仓库现场进行质量检查活动，及时发现仓库中存在的问题。

质量专员负责标准化作业程序文件的发放和回收，负责对仓管员拿捏不定的是否可以正常验收的货物进行鉴定，负责日常巡查并对发现的存在违反作业标准的行为及时纠正，负责配合质量主管组织质量主题活动。

7. 安全管理小组

安全主管负责结合安全生产相关的法律、法规，编写仓库的安全管理文件，做好安全生产的教育培训并监督执行；定期组织安全检查，对于发现的安全隐患，分析原因，提出整改意见并督促整改；定期组织安全逃生演练活动；对于外部供应商进入仓库的动火作业、登高作业等进行审批。

安全专员负责定期检查消防设施（消防栓、灭火器、消防报警设施等）的有效性，负责仓库内的日常巡查并对发现的存在安全隐患的行为及时纠正，负责配合安全主管组织消防逃生演练等。

8. 行政后勤管理小组

行政主管负责参照公司的制度，结合仓储运营管理业务的实际情况制订仓储运营团队内部的行政管理制度；负责办公用品等物资的采购，并做好固定资产的管理工作；负责组织人员对报修的设施设备进行维修；负责项目员工的用餐、住宿等后勤保障工作；在仓库的关键点位安排合适的安保人员，确保仓库的安全。

行政专员负责根据部门内各个小组的需求，汇总每月的物资采购申请并提交行政主管；负责行政仓库物资的收货、发货和在库管理；负责清洁工的日常管理（制订清洁计划、检查清洁效果、对清洁工进行考核等）。

清洁工分为厂区清洁工、库内清洁工和办公区清洁工。厂区清洁工负责库区围墙外、厂区围墙内的所有区域的清洁；库内清洁工负责所有防火分区内的清洁，包括地面清洁、货架清洁、货物清洁等；办公区清洁工负责办公区内的地面、茶水间、卫生间、餐厅等的清洁。

保安分为监控室值班保安、仓库门口值班保安、员工进出库通道值班保安和外部人员进出库通道值班保安。监控室值班保安通过视频监控对作业现场出现的问题进行记录并反馈，协助被授权的相关人员查询某个时间段的视频记录；仓库门口值班保安负责进出仓库厂区的人员、车辆的进出库登记及车辆检查；员工进出库通道值班保安负责检查入库员工是否按照标准穿戴劳动防护用品，负责对出库员工是否夹带仓库内货物进行检查；外部人员进出库通道值班保安负责外来人员进出库区的登记及检查。

4.3.3 薪酬结构设计

1. 薪酬结构设计的原则

合法性。薪酬结构的设计必须建立在遵守国家和当地劳动相关的法律法规、政策和企业现有的管理制度的基础之上，这是薪酬设计的大前提。比如，各个城市基本上都有最低工资水平标准、标准工作时间及加班费标准等，这些都是需要企业参照执行的。对于工作时间为 24 小时 ×7 的，企业可以参考当地劳动部门关于综合工时的规定。

公平性。薪酬结构对内要有公平性，但这并非是指所有人都拿同样的待遇。那些对仓储运营管理贡献程度大的（重要性），或者从事该岗位工作的人员需要具备一般人难以具备的特殊能力的（稀缺性），或者该岗位工作的程序比较复杂、烦琐的（复杂性），就要在待遇上享有一定优势。

另外，企业要为仓储运营团队创造机会均等、公平竞争的环境。

竞争性。薪酬结构对外要体现竞争性，在设计薪酬结构时，企业要了解当地其他同类型企业中的仓储业务部门的整体薪酬水平，以及竞争对手的薪酬水平，以便能够吸引和留住那些对仓储业务发展起到关键作用的人才。如果企业的预算有限，但是又想招到合适的人，那么至少大部分岗位的薪酬需要达到当地同类岗位的平均水平，关键岗位的薪酬则要超出平均水平，不然就很难招到合适的人。

激励性。薪酬结构对个人要体现激励性，这表现在两个方面。第一，不同的层级之间，同一个层级的不同岗位之间、同一个岗位中，在薪酬结构上都可以适当拉开差距；第二，为避免"吃大锅饭"的现象，企业应把工资拆分成固定工资和浮动工资两个部分，让有能力的、勤奋的员工多劳多得，让偷懒的员工少得，甚至末位淘汰。

灵活性。薪酬结构确定下来以后，并非是一成不变的，企业要在仓储项目不同的发展阶段，及时对薪酬结构进行优化调整，以适应环境的变化和自身发展的要求。比如，在仓储项目运作初期，大部分运作人员的技能都不是特别熟练，那么，在设计薪酬结构时，绩效考核指标就会比较宽松或者企业可降低工资中与绩效考核相关的部分的比例，而仓储项目运作了大概半年以后，业务运行稳定，企业就可以通过加大绩效考核工资在整体工资中的占比来实现多劳多得，优胜劣汰。

2. 薪酬结构的构成

（1）工资薪金。

工资薪金分为两个部分：固定工资和浮动工资。

常见的固定工资就是基本工资。在设计固定工资时，企业可以统一标准，比如参照当地的最低工资水平设置所有岗位的固定工资，也可以根据不同的岗位设置不同的标准，甚至对同一个岗位根据不同的岗位等级设置成不同的标准。

常见的浮动工资就是绩效工资和奖金。在设计绩效工资时，企业通常按照岗位价值确定标准，发放绩效工资时会将其与绩效考评结果挂钩。而奖金是比较灵活的，通常是对超额完成任务的人员设置的。

绩效考核标准的设计要尽量做到能量化的量化（定量），量化不了的把考核标准描述清楚（定性）。比如，对于仓管员、叉车司机、拣货员、装卸工等岗位，我们可以根据工作量来设置考核标准。另外，对于量化考核的岗位，为避免出现员工"一味求快、求多而忽视作业质量和安全"的情况，在设计绩效考核指标时，企业除了考虑工作量，还要考虑作业质量。

（2）社保及公积金。

企业为员工缴纳的社会保险包括基本养老保险费、基本医疗保险费、失业保险费、工伤保险费、生育保险费。公积金指的是住房公积金。在设计社保和公积金时，企业应参考当地劳动部门的要求，不能超出底线。比如，有的地方规定必须给员工至少缴纳3险，也就是养老保险、医疗保险、失业保险，而对工伤保险、生育保险和公积金不做强制要求。

（3）津贴。

津贴是除工资、奖金以外的一种现金补充形式，通常随着每月的工资一起发放。常见的津贴包括工龄津贴、通信津贴、学历津贴、职称或技术等级津贴、防暑降温津贴、取暖津贴、住房津贴、交通津贴、工作餐津贴等。津贴的名目非常多，企业可以根据当地劳动部门的法规及自身的情况进行针对性的设计。

（4）福利。

福利一般不体现在工资表中，其发放周期根据福利项目不同而有所不同的，发放形式可以是现金，也可以是非现金。常见的福利包括员工生日福利、体检福利、过节福利（如端午节福利、中秋节福利、春节福利）、年度旅游福利等。福利是企业自愿发起的，相关法律法规不做强制要求。

第 5 章

▼

作业流程设计

作业流程设计是指基于业务的特点及未来运营管理的需要，制订标准化作业指导书。也就是说，企业要先找到一个适合当下的最优作业方法，然后通过作业流程设计将其固定下来，让所有接受过作业流程培训的人都能少走弯路，减少错误。

本章先从作业流程的定义、特征和目的讲起，帮助读者建立对标准化作业流程的初步认知，再展开介绍作业流程的结构、如何建立作业流程体系、如何进行作业流程管理等，其中展示了合同物流业务中收货、发货两个关键活动的作业流程示例，能帮读者掌握作业流程设计的精髓和方法。

5

5.1 标准化作业流程是什么

5.1.1 定义

标准化作业流程（Standard Operating Procedure，SOP）即标准操作程序，指将某一事件的标准操作步骤和要求以统一的格式描述出来，用于指导和规范日常的作业行为。SOP 的精髓是对细节进行量化，通俗来讲，SOP 能对某一程序中的关键控制点进行细化和量化。

SOP 这个概念是从国外引进的。在 18 世纪或作坊手工业时代，制作一件成品的工序往往很少，或分工不够细致，甚至从头至尾是由一个人完成的，对人员的培训是以学徒形式令其进行长时间学习与实践来实现的。

随着工业革命的兴起，生产规模不断扩大，产品日益复杂，分工日益细化，品质要求急剧提高，各工序的管理日益困难。如果只是依靠口头传授操作方法，已无法控制"制程品质"（来料入库后到生产出成品之间进行的品质管理工作）。学徒形式已不能适应规模化生产的要求，因此，企业必须以作业指导书统一各工序的操作步骤及方法。

5.1.2 特征

下面对 SOP 的概念简单做个拆解，以便大家更好地理解。SOP 的特征如图 5-1 所示。

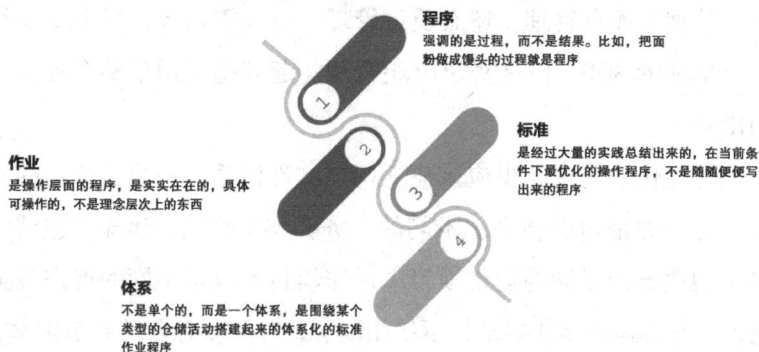

程序
强调的是过程，而不是结果。比如，把面粉做成馒头的过程就是程序

标准
是经过大量的实践总结出来的，在当前条件下最优化的操作程序，不是随随便便写出来的程序

作业
是操作层面的程序，是实实在在的，具体可操作的，不是理念层次上的东西

体系
不是单个的，而是一个体系，是围绕某个类型的仓储活动搭建起来的体系化的标准作业程序

图 5-1　SOP 的特征

（1）SOP 是一种"程序"。从字面上理解，程序强调的是过程管理，而不是结果。比如，把面粉做成馒头的过程就是程序。第一步，面粉里加入水和酵母，和成软硬适中的面团放至温暖处发酵；第二步，将发酵好的面团排气并揉至光滑；第三步，将揉好的面团搓成长条，分成小剂子；第四步，把小剂子揉圆、揉光滑，做成馒头；第五步，再次醒面 15 分钟；第六步，锅里加水，把馒头放入笼屉；第 7 步，大火上气后蒸 20 分钟关火，再焖 5 分钟揭锅，馒头出锅。

（2）SOP 是一种"作业"程序。企业的经营大部分都是分层次进行的，至少包含 3 层：战略层、战术层和作业层。SOP 就属于作业层，是实实在在的，具体可操作的。在 ISO 9000 体系中，SOP 就属于三阶文件，也就是作业性文件。

（3）SOP 是一种"标准"作业程序。标准的反义词是无序和混乱，也就是说，我们随便写出来的操作程序不可以称作 SOP，SOP 一定是经过不断实践总结出来的，在当前条件下可以实现的最优操作程序。说得更具体一点，SOP 就是不断将实践中总结的经验、方法用目前可以实现的、最优的操作程序设计成为细化和量化的标准文件和数据。

（4）SOP 不是单个的，而是一个"体系"。因为物流企业在具体业务管理过程中，涉及方方面面的作业，比如在仓储业务管理中，既有收货管理、发货管理、库存管理，还有质量管理、退货管理等，每个方面都可以制订一个单独的 SOP，而这些 SOP 组合到一起就是适用于某个具体运作项目的 SOP 体系。

一个现代化的公司至少应该建立两类文件体系，一类是公司的管理制度体系，另一类是 SOP 体系。不同的业务类型（仓储、运输、包装等），以及同类型业务但不同的运作项目（运作项目可以按不同的客户分类，客户不同，一些具体的操作要求也不尽相同），都应该有自身的 SOP 体系。

5.1.3 目的

为什么要制作 SOP？主要有以下 3 个方面的原因。

（1）技术储备。制作 SOP 就是把各个岗位人员所积累的经验、技术，通过文字的形式记录下来（图片和视频可以作为辅助），这样就避免了该岗位人员离职或者转岗以后，先进的技术和经验也跟着流失。

（2）提高效率。没有 SOP 时，员工都在按照自己摸索出的方法工作，不同人的效率自然有高有低，那些擅于积累及复盘改进的员工，其工作效率就要比其他员工高一些。那些不擅于积累及复盘改进的员工，即使在加入公司时被安排给某个师傅带，短时间内也很难赶上师傅的效率。因此，制订 SOP 可以提升整体效率。

制作 SOP 就是让所有人都按照同一套标准化的流程开展工作。这使得每一个新员工经过短期的培训就可以快速掌握先进的技术，而且每一项工作即使换了不同的人来操作，也不会在效率与品质上出现太大的差异。

（3）防止再发。大多数高效率的员工都是在一个狭窄的领域里犯过所有可能犯的错误才成长起来的。如果没有 SOP，当这些员工离职时，他们会将所有解决问题的方法、作业技巧等宝贵经验装在脑子里带走，新员工可能会重复犯这些员工以前犯过的错误，即使这些员工在离职交接时有所传授，但仅凭记忆进行交接，新员工很难完全掌握相应方法和技巧。

5.2 标准化作业流程的结构

SOP 的结构分为 4 个部分：表头、标题、主体、表尾。其中，表头和表尾的主要作用在于，方便作业流程管理者追踪和管理作业流程，标题和主体是每个 SOP 的核心内容。

5.2.1 表头

SOP 表头包含 7 个方面的内容，如表 5-1 所示。

表 5-1　SOP 的表头

×××公司××仓库 标准操作程序	
标准操作程序号：SOP-××× 生效日期：××××年××月××日 版本号：×	书写人（修改人）： 系统负责人（职位名称）： 页数：×之×

• 隶属的体系，比如×××公司××仓库标准操作程序。

• 标准操作程序号，比如 SOP-001。

• 生效日期，应具体到年月日。

• 版本号，指的是此 SOP 是第几版，每修改一次，版本号就要随之变化，比如版本号为 01 就代表第一版。

• 书写人（修改人），指的是相应人员具体的姓名，第一次编写时，主要体现的是书写人，后期如果定期优化，主要体现的就是修改人。

• 系统负责人（职位名称），指的是具体由哪个岗位的人来负责（书写或者修改优化），比如仓库主管、仓库经理。通常情况下，书写人或者修改人会因为人员的流动而变化，但是 SOP 的系统负责人基本上是不变的，因为岗位不会轻易变动。

• 页数，指的是总页码和当前的页码，比如 1 之 5，指的是总共 5 页，当前是第 1 页。

5.2.2 标题

标题指的是这个作业流程的名字，标题不宜过长，应言简意赅，作业人员通过标题应能了解到这个作业流程属于仓库活动的哪个部分，比如退货 / 拒收产品收货流程、库内温湿度及虫害控制流程。

5.2.3 主体

主体包含以下 5 个部分。

• 目的，指的是制订这个作业流程的目的，比如制订产品的收货流程的目的在于，确保入仓产品能及时、安全、完好、准确入库，确保仓管员能够正确使用 WMS 及时收货。

• 责任，指的是作业流程中涉及的每个岗位，在这个作业流程中的主要责任，比如在产品的收货作业流程中，仓管员的责任就包含组织并指导装卸工卸车、对收货暂存区的货物进行清点、跟司机交接货物、使用 WMS 进行系统收货、组织叉车司机上架入库等。

• 范围，指的是该作业流程的适用范围，比如适用于 ××× 公司 ×× 仓库。

• 步骤，指的是围绕整个作业流程，每一步如何操作，进行详细的说明，第 3 节中会给出一些示例。

• 附件，指的是作业流程中涉及的一些具体事项，但是因为内容过多或者其他原因，不便在正文中赘述，就以单独的附件进行说明和管理，比如作业流程图可以作为附件独立存在，所有附件的每一页的左上角应注明相应的附件编号、版本号、页数。

5.2.4 表尾

表尾包含 4 个方面的内容，如表 5-2 所示。

表 5-2 表尾

质量控制：	运作控制：
质量签批日期：	运作签批日期：

• 质量控制，此处由作业质量管理的负责人在审批后签字。在第 4 章谈组织结构设计时，我们了解到，监督和执行的职能要分设，质量管理小组独立于运作管理团队之外，直接向仓库经理汇报。有的公司会成立专门的质量部门，监管公司所有运营业务的作业质量，"质量控制"栏就应由质量部门的经理签字。

• 质量签批日期，指的是作业质量管理的负责人的签批时间。

• 运作控制，此处由运作管理的负责人在审批后签字，这通常是指仓库经理或者仓库总监。在这里签字的人应跟作业流程的书写人或者修改人不是同一个人。

• 运作签批日期，指的是运作管理的负责人的签批时间。

5.3 建立标准化作业流程体系

SOP 应该覆盖全部的仓储业务活动，以及与业务相关的其他关键活动，每个 SOP 都可以独立编写，最终形成标准化作业流程体系。

前面谈到过，SOP 涉及 4 个部分——表头、标题、主体、表尾，其中最核心内容是主体。主体涉及 5 个方面——目的、责任、范围、步骤、附件，其中步骤的编写最为重要。在编写步骤时，我们一定要先梳理出作业流程中的关键节点，然后对每个节点涉及的具体动作进行细化和量化。

下面以第三方物流企业管理的生产型企业外包的分销中心仓库的业务流程为例，对标准化作业流程体系进行简单介绍，供大家参考。商贸企业的配送中心仓库跟生产型企业的分销中心仓库在运作流程上的区别较大，跟生产型企业配套的成品仓库的运作流程也有区别，因此我将在本节最后对其进行简单的拆解。

5.3.1　产品收货流程

产品收货流程的关键节点包含 7 个方面，即入库登记、卸货前检查、组织卸车、产品签收、车辆出库、系统收货及单据整理、产品上架，如图 5-2 所示。

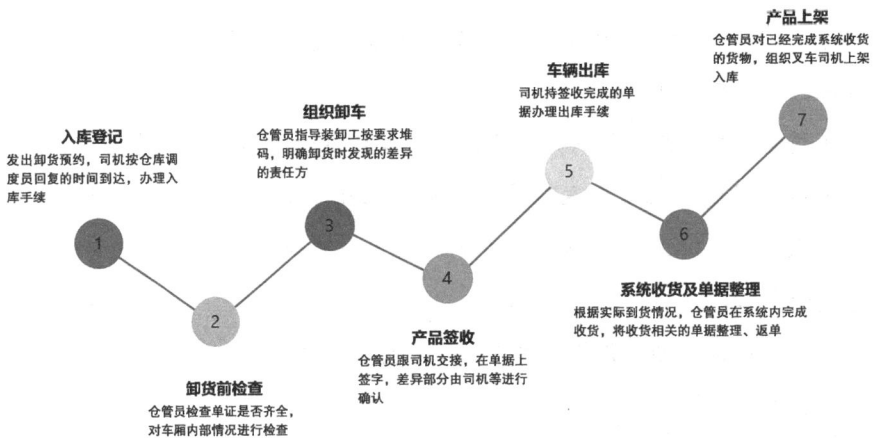

入库登记
发出卸货预约，司机按仓库调度员回复的时间到达，办理入库手续

卸货前检查
仓管员检查单证是否齐全，对车厢内部情况进行检查

组织卸车
仓管员指导装卸工按要求堆码，明确卸货时发现的差异的责任方

产品签收
仓管员跟司机交接，在单据上签字，差异部分由司机等进行确认

车辆出库
司机持签收完成的单据办理出库手续

系统收货及单据整理
根据实际到货情况，仓管员在系统内完成收货，将收货相关的单据整理、返单

产品上架
仓管员对已经完成系统收货的货物，组织叉车司机上架入库

图 5-2　产品收货流程的关键节点

产品收货流程涉及的主要基层操作岗位包含 5 个，仓库调度员、系统文员、仓管员、叉车司机、装卸工。入库产品的来源包括两个，工厂生产入库以及其他中转仓调拨入库。接下来，我将对每个节点做简单拆解及必要的说明。

1. 入库登记

第一步，承运商每天下午将第二天到货的卸货预约表发给仓库调度室。表中至少包含 3 类信息：卸货车辆信息、货物信息、计划到达仓库的时间。

第二步，仓库调度室根据仓库的实际作业能力，对承运商的卸货预约进行回复。因为每个时间段仓库的作业车辆数是有限的，且卸货的承运商大多不止一家，各方的信息不对称，如果承运商扎堆预约某个时间段，仓库调度室则要回复预约，将部分车辆的卸货时间推迟到下一个轮次。

第三步，如果因为各种原因，卸货车辆不能按照预约的时间到达，则要提前通知，仓库调度室可以根据实际情况，安排其他卸货车辆卸货，比如下一个轮次的车辆中如果有可以提前到达仓库的，就将其替补到本轮次。

第四步，承运商的车辆到达仓库后，司机或者承运商的运输现场负责人持卸货司机和车辆的有效证件（行驶证、驾驶证、身份证）到保安处办理入库登记手续，保安核实卸货车辆的证件信息与实际是否一致，无误后，发放司机访客证。

第五步，司机或者承运商的运输现场负责人持卸货单据到仓库调度室办理卸货登记手续，仓库调度员在卸货车辆登记表上做好记录，其中有以下四点需要注意。

第一，仓库调度员先要检查卸货单据的有效性（必须是原件，且是客户认可的官方单据），另外，要检查卸货单据上的卸货地址是否为该收货仓库的实际地址。

第二，仓库调度员根据到货车辆所装货物品类联系相应库房的仓管员，仓管员根据库内作业情况安排卸货门并通知仓库调度员。仓管员安排卸货门时应遵循的原则为就近原则，也就是车厢中哪些品类的货物最多，则安排到哪个卸货门。根据仓管员的建议，仓库调度员开具卸货车辆出门条，填写车牌号、卸货作业门、进库时间等信息。

第三，系统文员根据收到的产品的信息，制作产品堆码标准汇总表。表中要显示每个代码、批次产品所对应的整盘数量和散货数量，以及每个代码产品对应的堆码星形图（用于说明每层码放多少箱、怎么码放、码放多少层）。

第四，系统文员根据卸货单据上的到货信息，下载或者在 WMS 中创建预先装运通知（Advanced Shipment Notice，ASN），并在系统中进行货物的入库处理。

所有的登记手续完成后，仓库调度员将卸货单据、卸货车辆出门条和产品堆码标准汇总表一并交给司机或者承运商的运输现场负责人，司机驾驶车辆入库卸货。

2. 卸货前检查

车辆到达卸货门，司机或者承运商的运输现场负责人联系仓管员，仓管员检查相应单据是否齐全，包括卸货单据、卸货车辆出门条、产品堆码标准汇总表。

仓管员检查无误后，安排车辆驶至靠门（卸货垛口），在货车轮子下面垫上楔块（至少两个且位于不同侧），并将钥匙交给仓管员。垫楔块的目的是防止卸货过程中，车辆突然启动或者溜车。

卸货前，司机在打开车门时，应先将车门打开一道小缝，观察车尾是否有产品倒塌，如果有产品倒塌，要做好保护措施，并慢慢打开一扇门，卸下倒塌的产品后再打开另一扇门。

仓管员根据车辆检查记录表的内容检查车辆并记录，包括车尾保护材料安装是否完好（常见的是网兜）、车尾货物梯形码放是否合格、产品是否正面朝上且没有侧放倒置、车底是否无水渍、车厢四周是否干净等。如有不符合要求的，仓管员要进行记录，严重的（如车厢内货物倒塌）要上报仓库的质量管理人员。

3. 组织卸车

仓管员根据产品堆码标准汇总表上提示的托盘数，组织叉车司机准备相应数量的托盘。同时，通知仓库调度员安排装卸工到达指定的卸货作业门。

装卸工到达后，仓管员在卸货车辆出门条上记录开始卸货时间，指导装卸工按照产品堆码标准汇总表和卸货要求进行码盘，每码放完一盘货物后，按照要求对该盘产品进行防护（目的在于防止货物在库内上、下货架或者平行移动过程中发生倾倒）。装卸工使用手动地牛，将产品拉到备货区。

　　仓管员根据卸货单据上的产品代码、批次、数量信息与实际卸下的货物进行核对，并对产品的质量进行检查。

　　如果发现货物的数量及质量异常，包括到货数量比卸货单据上的多（发货方多发）或少（发货方少发或者因运输原因造成的短少）、某个代码某一批次的多且恰好同代码另一个批次的少（混批次）、某个代码批次货物的数量多且恰好另一个代码批次的少（混代码）、质量问题（如原箱短少、原箱残损、运输残损、运输待换、产品水湿等）。

　　发现差异以后，对于责任划分不清的，仓管员首先要进行自查，明确责任，比如混代码和混批次是否为装卸工码放错误所致？如果自查后发现非自身原因，则告知司机或者承运商的运输现场负责人，对差异问题进行确认，比如发货方多发或者少发的，要联系发货方进行确认。所有的差异一定要有对应的责任方。对于质量状态判断不清楚的，仓管员则通知仓库的质量管理人员到现场进行鉴定。

4. 产品签收

　　仓管员与司机在车尾对产品的数量和质量状态进行交接，双方确认后，如果全部为完好的产品，仓管员就在卸货单据上填写实收的数量大写与小写，同时注明收货的日期、时间并签名，盖上收货专用章。

　　如果有部分产品为非正常品（存在数量或质量差异），仓管员要在备注中进行注明，由运输原因造成的，需要由司机或者承运商的运输现场负责人进行签字确认（姓名、身份证号、手机号、车牌号）。

　　仓管员在签单时，要使用黑色碳素墨水笔，避免使用铅笔或者圆珠笔，如果写错，则先在需要修改的地方画上一条横线，然后在旁边写上正确的内容，同时在正确的内容下面写上修改的原因、时间及修改人姓名。

5. 车辆出库

　　所有的产品验收并在单据上签收后，仓管员在卸货车辆出门条上填写卸货完毕时间并签字。仓管员还要检查移动装卸作业平台是否恢复原位，确认完毕后，关闭装卸作业门，并将卸货单据的承运商留存联，连同卸货车辆出门条、车辆钥匙一并交给司机。

司机将楔块从轮胎下取走，放回装卸作业门的旁边，然后驾驶车辆至仓库出口，持卸货车辆出门条到仓库调度室办理出库手续。仓库调度员核对出门条信息是否填写齐全，确认无误后在卸货车辆出门条上盖章，并在卸货车辆登记表上登记车辆离库时间。

司机驾驶车辆至门卫室，保安检查卸货车辆出门条的信息及印章是否齐全，对车辆进行开厢检查，无异常后，收回司机访客证，返还压在保安室的司机证件，司机驾驶车辆离库。如果有任何异常，保安需与仓库调度室沟通解决，解决完毕后方可允许车辆离库。

6. 系统收货及单据整理

装卸工从车厢中每拉出一托盘的货物，将其放到收货暂存区，仓管员就可以同步做系统收货，不必等到所有的货物都卸完以后再操作。

仓管员将空白的条形码（指的是没有在系统中录入信息的条形码）贴在整盘产品的右上角，如果货物用缠绕膜进行了保护，则贴到右上角的缠绕膜上。对于散盘的货物（不够一整盘），则将空白条形码直接贴到托盘右上角的那箱货物顶层的封箱胶带上（不要直接贴在纸箱上，因为不利于清除），然后使用终端设备进行系统收货。

所有产品都在系统内完成收货以后，仓管员在系统内打印收货报告。然后将收货报告连同卸货单据仓库留存联一并交给系统文员，系统文员将收货报告上实收的货物信息与卸货单据上收到的货物信息进行核对，检查无误后，在收货报告上签字确认。仓管员在手持终端上完成系统收货，系统文员在系统中进行车辆的出库处理。同时，系统文员就该车的卸货单据及收货报告与仓管员进行交接，并存档。

7. 产品上架

每个代码批次的产品全部完成系统收货后，仓管员即可通知叉车司机上架入库。

叉车司机使用手持终端上的扫描枪扫描每盘货物的条形码，然后按照系统的提示，将产品放置在指定的货位，并扫描排位的条形码进行位置确认。叉车司机一定要绝对按照系统的指令放货，不可以将产品私自放在其他货位。

5.3.2 产品发货流程

产品发货流程的关键节点包含 8 个方面，检查差异、发货预约、仓库备货、核对货物、车辆入库、装车前检查、交接发货、车辆出库，如图 5-3 所示。

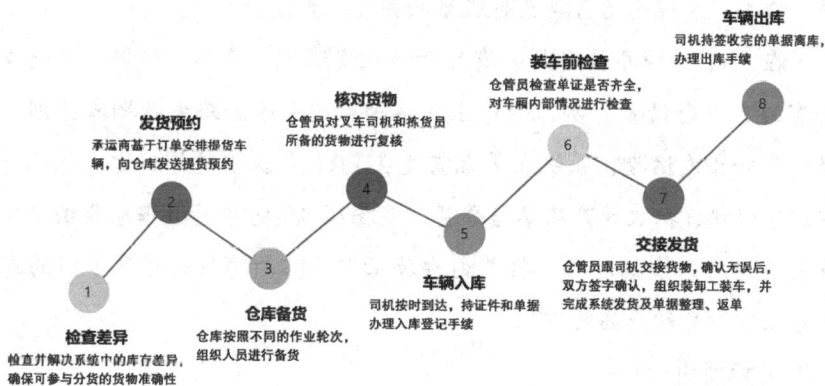

图 5-3　产品发货流程的关键节点

产品发货流程涉及的主要基层操作岗位包含 6 个，仓库调度员、系统文员、仓管员、叉车司机、拣货员、装卸工。发货产品的去向包含两个方面，即生产型企业的下游客户，以及客户的其他区域分销中心仓库。接下来，我将对每个方面做简单拆解及必要的说明。

大部分的生产型企业都要使用 ERP 系统，这类系统的典型代表有 SAP、INFOR，仓库所使用的就是 WMS，这类系统的供应商非常多，大家可以自行查找。

ERP 系统也具有库存管理的模块，但是在精细化的库存管理中，管理者更愿意用 ERP 系统管理宏观数据，用 WMS 管理微观数据。比如，对于某个代码、批次的产品，我们可以在 ERP 系统中看到一个总数，但是这些产品具体应存放在哪个仓库的哪些库位，我们需要 WMS 查看。大家统一了这个认知，接下来的内容就好理解了。

1. 检查差异

每天系统进行"分货"之前，系统文员要做 3 个方面的检查。

• 每天早上上班后，系统文员在 ERP 系统内下载库存差异报告，对差异进行解决。

• 系统文员每隔一小时，要对 WMS 上传到 ERP 系统中的数据传输差异进行检查，发现问题后要及时联系相关的人员进行处理。

• 在 ERP 系统中检查是否有处于停止发运期的产品（根据客户需求，比如有的客户会设置一年作为停止发运期，这个概念跟失效期有区别），如果过了停止发运期，系统文员就需要在 ERP 系统中进行扣货，也就是不允许这个代码、批次的产品参与分货，实物及 WMS 中的数据也要由特殊库的仓管员进行同步的转移，将其由存放正常产品的排位转移到专门的存放过了停止转运期的产品的排位。

2. 发货预约

每天系统分货完成后，客户方的系统文员将电子版的发货订单整理发送给承运商和仓库调度室。同时，打印客户签收单，由承运商领取。

承运商在收到电子版的发货订单以后，制订提货车辆预约表，按照跟仓库提前约定的提货轮次，比如以每 3 个小时作为一个作业轮次的话，提货轮次可以设置为 20：00、23：00、2：00、5：00、8：00、11：00、14：00、17：00。除了标明什么时间点提货之外，承运商还要给出提货车辆的车牌号、装车的顺序、订单到货时间（Order to Delivery，OTD），以及备注客户的特殊要求（如有）。如果暂时无法确定车牌号，承运商可以使用虚拟车牌号，一旦车辆信息确定下来，就要及时更新给仓库调度室。

仓库调度员根据各家承运商的预约情况，以及仓库的实际作业能力，对承运商的预约进行回复。如果某个轮次预约的作业量较大，仓库调度员就要将部分车辆的提货时间推迟到下一轮次。仓库调度员在此过程中要把握好一个原则，即 OTD 短的车辆不能推迟。

3. 仓库备货

仓库调度室将确定下来的每个轮次的提货信息发给系统文员，系统文员以提货车辆为单位，生成备货单并打印，包括整车备货总表及散箱拣货清单（散箱指的是非整盘、按箱发出的货物）。其中，整车备货总表指的是该车上要装的所有货物，但是不罗列具体的货物明细，只标注该车每个交货号下的提货数量（箱），以及对应的整盘盘数和散箱数量。然后，系统文员通知备货小组负责人到仓库调度室取备货单。备货小组负责人按照作业轮次组织人员进行备货，叉车司机负责备整盘，拣货员负责备散箱货物。

备货小组负责人按照就近原则及集中原则确定每辆车所提货物的备货区域（在收货环节，仓库的货物存储是按品类相对集中在某个区域的，备货时，备货小组负责人要检查订单中的大部分货物是哪个品类的，这个品类的应集中在哪个库区，就把备货区设置在该库区所对应的发货门前面），避免拣货员拣货完成后，因平行移动距离过长造成拣货效率下降。将所有的货物集中在一个备货区，主要是为了避免多点提货时，由于多次启动车辆造成的车厢内货物倒塌的情况。

拣货员驾驶电动地牛，叉上空托盘，然后根据不同的交货号，在 WMS 中新建一个空白的条形码，按照系统提示的排位依次进行拣货。

拣货员在拣货时，要遵循先失效先发货原则（排位上有两个或者两个以上生产日期的货物，则先拣生产日期早的），先将实物搬出放到拣货的托盘上，再根据实物实际的批次（包含生产日期等主要信息）在系统中操作，对一个排位拣货完成后，要对排位上的剩余货物进行盘点，如有异常，要立即通知备货小组负责人，由其对问题进行处理。

在拣货过程中，拣货员如果发现散货排位的库存不足，不能完成该排位的拣货，则先将排位清空，等待叉车司机补货（散货排位在系统内设置有安全值，库存低于安全值时则会触发补货任务，并由叉车司机完成）。

如果等待时间超过5分钟，则立即上报备货小组负责人，由其在系统内提升该补货任务的优先级。

对于拣货后的空托盘，拣货员要立即将其取下，并竖放在货架旁边，方便叉车司机往排位补货时，直接以托盘为单位放货。每天的拣货任务完成后，备货小组负责人组织拣货员对散货排位旁边的空托盘进行回收，放在每个库区的托盘存放区。

拣货员发现托盘无法再摆放所拣的货物时，应在系统中确认在散箱拣货清单上标注的发货备货区，然后将货物按照仓管员的要求放置在发货备货区，将该托盘的条形码（此时的条形码在系统中已经有关联的交货号及货物信息）贴到右上角的那箱货物的封箱胶带上，然后继续拣货，直至系统提示该交货号下的散箱拣货任务完成。

如果该客户的订单为整盘，则叉车司机在系统中输入交货号，根据系统提示的排位进行拣货，每拣完一盘货物，都要在系统内进行备货区的确认，并按照仓管员的要求将货物放置在备货区对应的客户区域内。

4. 核对货物

负责发货的仓管员扫描托盘右上角的条形码，系统会罗列出该条形码所含的货物信息，仓管员结合系统信息对实物进行核对，核对的内容包括产品的代码、批次、数量等。

仓管员在清点货物时，分别对整盘货物和散箱货物进行核对。每核对完一盘货物，就在整车备货总表对应的交货号下进行记录，并加总。当散箱货物的总数跟整车备货总表上显示的散货数量一致时，则说明散箱备货完成。当整盘的盘数跟整车备货总表上显示的整盘盘数一致时，则说明整盘备货完成。

仓管员在核对货物时，如果发现差异，要及时上报仓库运作主管，由其处理差异（仓管员不能处理差异的原因在于：第一，造成差异的因素是多样的，仓管员未必有能力进行处理；第二，处理差异会额外占用仓管员的时间，从而影响其作业效率）。

所有的货物备货完成后，仓管员在系统内打印整车备货清单（其中会显示该车下所有备货的货物信息），跟司机交接。如果仓库内的库存无法满足订单，仓管员要立即通知仓库运作主管，由其调查出现库存差异的原因。造成库存差异的原因很多，比如系统分货以后，库内人员因操作不当导致的货损或者多发等。如果确定由于库存差异无法满足备货订单，仓管员则要在整车备货清单上记录短少产品的信息，并签字确认。

5. 车辆入库

承运商根据提货车辆预约表，将同一个车牌号下的客户签收单以交货号为依据整理到一起，标注提货的车牌号及计划提货时间。当提货车辆到达仓库后，司机或者承运商运输现场负责人持客户签收单、车辆行驶证、司机驾驶证和身份证到仓库调度室办理提货手续。

仓库调度员对司机或者承运商现场所持的单据的有效性进行审核，具体如下。

第一，提货的货物是否与预约的一致，如果不一致，不予登记（仓库是按预约做的提前备货，一旦实际所提货物跟预约不一致，就会打乱仓库的节奏）。

第二，客户签收单是客户指定的单据原件，且加盖有客户的提货专用章。

第三，行驶证上的车牌号应与预约表上的一致。

所有的单据检查无误后，仓库调度员在客户签收单第一联加盖仓库调度室的调度专用章，同时在提货车辆登记表上登记。如果单据存在问题，则不予登记并要求承运商解决。

系统文员在 WMS 中查询该车货物的备货区域并告知仓库调度员，仓库调度员开具提货车辆出门条给司机或者承运商现场。提货车辆出门条上应标注车牌号、作业门、登记时间等。

仓库调度室的手续办理完毕后，司机或者承运商现场持客户签收单、行驶证、驾驶证、身份证到门口保安室办理入库手续，用行驶证或驾驶证换取司机访客证。司机根据提货车辆出门条上显示的作业门，驾驶车辆进库提货。

6. 装车前检查

车辆到达指定的作业门口后，仓管员要进行两方面的检查。

首先，核对司机的提货手续是否齐全，包括客户签收单第一联是否有客户的提货专用章及调度专用章，单据上显示的车牌号是否与实际车牌号一致，是否有提货车辆出门条。

其次，按照车辆检查记录表上的检查项逐一检查，检查的内容包括车厢底板是否平整，是否有水渍、油渍和杂物，车厢四壁是否漏光，车厢是否有异味等。仓管员发现不符合的项后要在车辆检查记录表上进行详细记录，并要求司机立即进行整改，整改完毕后仓管员再次检查是否合格，对于整改后仍然不符合要求的车辆，仓管员应拒绝给予装车并上报仓库运作主管。

检查无误后，仓管员应要求司机在货车轮子下面垫上楔块（至少两个且位于不同侧），并收取车辆钥匙。垫楔块是为了防止卸货过程中，车辆突然启动或者溜车。

7. 交接发货

仓管员核对客户签收单上的交货号是否与整车备货清单上的一致。如果一致，仓管员将整车备货清单交给司机一份，带领司机对备货的产品进行核对。核对时，仓管员要全程跟进，不得让司机单独待在备货区内。核对完毕后，仓管员应要求司机退出备货区，到作业门口指定的司机停留区。

如果双方核对无误，仓管员在整车备货清单上签字确认，并加盖仓库发货专用章，再由司机签字，签字内容包括所属车队、车牌号、司机姓名、司机身份证号、司机手机号、提货日期和时间。仓管员将承运商留存联交给司机。如果核对有误，暂时不予发货，并通知仓库运作主管调查处理。因为仓库原因造成客户订单无法满足的，仓管员要在客户签收单上注明短少产品的信息。

仓管员通知仓库调度室安排装卸工进库装车。装车前，车厢侧壁需要做防护的，应先铺设并固定好防护材料，车厢底部需要由司机提供一条干净且尺寸足够的彩条布或者塑料布。开始装车时，仓管员在提货车辆出门条上标注开始装车时间。

装卸工在装车时需要注意以下几点。

第一，必须在装车时边装车、边铺彩条布，避免提前铺设后，因为脚踩及设备上下车造成彩条布损坏或者污染，从而造成产品污染。

第二，要将同一个交货号的货物全部装完后，再装下一个交货号的货物，确保同一个交货号的货物是相对集中的；如果一辆车中有两个及以上的客户订单，要对不同的客户订单进行物理上的隔离。

第三，要重不压轻，禁止抛、投、扔等野蛮装卸行为，任何情况下都不能直接踩、站、坐在产品上。

第四，尽量用货物将车厢内的空隙填满，层与层之间产品应相对整齐堆放，禁止强行将产品插入空隙，对于无法填满的空隙，要求司机提供填充物将空隙填满，防止在长距离运输中因支撑不够而造成货损。

第五，从车厢前端开始装到车尾，产品要与车尾留有至少5厘米的距离，防止车门关上后挤压到产品。如果装完车后，产品与车尾的距离超过10厘米，要使用网兜进行保护，防止卸货打开车门时车尾的货物发生倒塌。另外，产品与车顶之间至少要留出5~10厘米的距离。

仓管员扫描每盘货物的条形码后在系统中发货，当所有的产品装车完毕后，仓管员在提货车辆出门条上注明装车完成时间、并将客户签收单和整车备货清单中的发货仓库留存联钉在一起，返单给系统文员，由系统文员统一归档。

8. 车辆出库

仓管员将所有的提货单据及车辆钥匙交给司机。司机将楔块取走，放回作业门旁。司机驾驶车辆至仓库出口，持卸货车辆出门条到仓库调度室办理出库手续，仓库调度员核对出门条信息是否填写齐全，核对无误后在提货车辆出门条上盖章，并在仓库调度室的提货车辆登记表上登记车辆离库时间。系统文员在WMS中检查发货订单是否完成，如果完成，在系统中进行出库处理。

司机驶到门卫室，保安检查提货车辆出门条信息及印章是否齐全，检查车辆的驾驶室是否夹带有仓库内的产品，无异常后，收回司机访客证，返还司机压在保安室的证件，司机驾驶车辆离库。如果有任何异常，保安需与仓库调度室沟通解决，解决完毕后方可允许车辆离库。

5.3.3 系统操作手册

1. 系统的分类

系统操作手册实际上就是结合每个关键的作业流程，比如收货流程、发货流程，制订的配套的系统操作步骤。我在前面描述的是实时化的WMS（所谓的实时化，就是实物操作与系统操作是同步进行的），构建这种系统的投入比较大，比如整个仓库都需要被无线信号覆盖、每个操作人员都配置有手持终端设备、所有的位置都有相应的条形码标识（作业门、暂存区、排位号）等。

现阶段，除了实时化的WMS之外，也有一些仓储项目使用的是非实时化的WMS，也就是实物操作跟系统操作不同步。这里面的系统操作，要么是前置的，要么是后置的。对于此类WMS，无论是在系统开发上，还是在场地改造和设备购置上，相应的投入都比构建实时化的WMS的投入少。

为了让读者更好地理解两者在操作上的差异，下面以收货流程为例进行说明。

前置的系统操作是，仓管员在安排将货物入库之前，系统文员会根据到货信息，在系统中筛选出可以放货的排位，并将每个代码、批次的货物与要存放的排位一一对应，然后交给仓管员，仓管员跟司机交接完货物以后，组织叉车司机按照要求放货，等放货完成以后，仓管员对入库的货位进行复核，无误后再跟系统文员进行反馈和确认，系统文员完成系统收货。

后置的系统是，仓管员在跟司机交接完货物以后，组织叉车司机放货，叉车司机随机往库内空置的排位上放货，并做好记录交给仓管员。等入库完毕，仓管员对入库的货位进行复核，无误后，由系统文员将该车货物存放的排位录入系统并完成系统收货。

有的仓库的做法是，在卸货之前，仓管员先统计出库内空置的排位并告知叉车司机，叉车司机在入库时参考仓管员告知的那些空置排位进行放货并做好记录，收货完成后，仓管员对入库的货位进行复核，无误后，由系统文员将该车货物存放的排位录入系统并完成系统收货。但这也属于后置的系统操作。

实时化的 WMS 更适用于品种多、批量大、仓库使用面积大的仓储业务，因为参与作业的人员多，单纯靠培训、检查等无法从根本上降低作业人员的差错率，所以要通过更先进的系统来提高作业的精准度，弱化人的作用，从而减少差错。而非实时化的 WMS 更适用于品种少、批量小、仓库使用面积小的仓储业务。

2. 编写注意事项

系统操作手册应紧密围绕仓库的运作流程来编写。

编写过程中，我们要尽量做到图文结合，避免堆砌一大堆文字。这里的图指的是系统操作中的界面截图。图文结合的形式能让每个接受流程培训的人员看得更直观。另外，作业人员一旦在实际的业务操作中遇到了不太明白的地方，直接翻看系统操作手册就能够清楚地知道自己操作到了哪一步，下一步应进入什么界面、如何操作。

系统操作手册可以独立存在，也可以是一个关于所有运作流程的系统操作合集。不过，我更建议将系统操作手册放到对应的作业流程中，以附件的形式体现。比如，产品收货系统操作手册就可以作为一个附件，放到产品收货流程中。

5.3.4 完整的作业流程体系不只是收发货

一个完整的作业流程体系不应该只包含产品收货流程、产品发货流程等与仓库日常运作强相关的流程，还应包括与仓储管理配套的其他作业流程。

比如，仓库人员上岗前需要接受岗前培训，仓库管理人员则要编写人员培训流程、与建筑物相关的建筑物及设施设备的设计和安装流程；库房存储的货物涉及温湿度控制以及清洁和虫害控制，仓库管理人员则要编写仓库温湿度管理流程以及清洁卫生、害虫控制、消毒和维护流程；遇到客户投诉时，需要对投诉进行合理且有效的处理，仓库管理人员则要编写客户投诉解决流程等。

不难看出，前面分享的细化的产品收货流程和产品发货流程，只是仓库作业流程体系的一部分，仓库管理人员要根据实际需要编写其他的标准化作业流程文件。

5.3.5 商贸企业的配送中心仓库运作流程

供应链是指围绕核心企业，从配套零件开始，制成中间产品及最终产品，最后由销售网络把产品送到消费者手中的，将供应商、制造商、分销商以及最终消费者连成一个整体的功能网链结构。

从供应链的定义来看，商贸企业处于整个供应链的下游。商贸企业是指设有商品营业场所、柜台的，不自产商品、直接面向最终消费者的企业，包括直接进行综合商品销售的百货商场、超级市场、零售商店等。比如线下的沃尔玛、华润万家，线上的京东商城等都属于商贸企业。

在仓储管理活动中，商贸企业的配送中心仓库运作流程跟生产型企业的分销中心仓库的运作流程存在以下几点区别。

1. 系统

生产型企业的分销中心仓库因为自身所承担的仓储业务只服务于生产

型企业，所以生产型企业通常会要求将其 ERP 系统跟第三方物流企业的 WMS 进行对接，其目的主要是节省人力和时间，减少在两个系统之间靠人工上传和下载时人员操作失误造成的差错。

商贸企业的配送中心仓库由于经营的产品品类非常多（涉及吃、穿、住、用、行等方面），且同一个品类下面有众多的品牌（比如我们生活中常用的洗衣液产品就包含宝洁、联合利华、蓝月亮、立白等名牌），产品的供应商大部分都是外部企业（产品非商贸企业的自主产品），因此，商贸企业无法要求所有的生产型企业的 ERP 系统跟商贸企业的 WMS 进行对接。

2. 收货

商贸企业的配送中心仓库在卸货验收时，通常不会像生产型企业的分销中心仓库那样，由相关人员直接在卸货单据上签字，而是根据实收的货物信息，打印出一份内部收货明细，然后在内部收货明细上，仓管员和司机或者承运商的运输现场负责人共同签字确认。

如果到达的货物是发货方多发或者发错的，商贸企业的配送中心仓库通常会拒绝接收，由司机带回。仓管员在卸货车辆出门条上标注司机所带走的货物信息并签字确认，司机出库时，保安根据卸货车辆出门条所标注的货物信息对车厢中的货物进行复核，无误后，方可安排司机离库。

生产型企业的分销中心仓库在面对此种情况时，则会通过联系上游仓库（生产工厂或者其他分销中心仓库），确认是多发或者错发以后，直接收货，然后在 ERP 系统内做库存调整。

对于短少或者存在货损的货物，有的商贸企业的配送中心仓库可以让司机直接买赔，这样收货的签单依然是正常的，不签短少或者货损；有的则是只验收正常的符合要求的货物，按实收签单（有多少是多少），存在货损的货物由司机直接带走。

生产型企业的分销中心仓库出现短少货物的情况时，通常由司机或者承运商的运输现场负责人签字后，在每月对账时，由承运商全款赔偿（通常是按出厂价）。对于存在货损的货物，常见的做法有两种：第一种，存在货损的货物由司机带走，然后，像处理短少的货物那样，从承运商的运费中按照出厂价全额扣款；第二种，将存在货损的货物直接扣留在收货仓库，索赔费用在出厂价的基础上打个折。之所以存在第二种做法，是因为生产型企业担心存在货损的货物流入市场后，会对其声誉造成不良的影响。

3. 发货

生产型企业的分销中心仓库的发货去向主要有两个——其他分销中心仓库，或者下游的分销商/零售商。

由生产型企业的分销中心仓库造成的错发，如果是由目的地的分销中心仓库发现的，基本上是在双方达成一致后，统一做库存调整（因为都是生产型企业的分销中心仓库）。如果是由下游的分销商/零售商在收货时发现的，它们通常会直接拒收，这部分货物需要由承运商带回。另外，下游的分销商/零售商也会因为某种原因退货，退货依然是由承运商带回。注意，无论是拒收还是退货，收货方都需要及时跟发货方沟通、确认后，货物方可由承运商带回。

商贸企业的配送中心仓库的发货去向也有两个——商贸企业所属的卖场/超市，或者下游的终端客户（消费者）。

其中，针对传统零售商，如沃尔玛、华润万家等，从商贸企业的配送中心仓库发出的货物，大部分会去往传统零售商的卖场/超市；而对于新型零售商，如京东商城、天猫超市等，货物主要发往下游的终端客户（消费者）。

对于面向卖场/超市的发货，由于商贸企业的配送中心仓库和门店属于一个体系，因此大家通常会友好协商解决出现的问题。

对于面向消费者的发货，其发货单位通常与面向卖场/超市的（以箱为单位）不同，因为批量小且多样化，一般按箱内的最小单位（瓶、支、盒等）拣选，而且还要做二次包装。就像我们平时网上购物后收到的快递那样，外面有袋子或者纸箱，对于易碎的或者高价的货物，箱内还有一些保护填充材料，比如气泡袋、气泡柱等。如果发错货，或者因为其他原因产生货损，终端客户（消费者）就会发起投诉。

5.3.6 生产型企业的配套成品仓库运作流程

生产型企业的配套成品仓库通常设立在工厂内，处于分销中心仓库的上游。当然，有的生产型企业的分销中心仓库是和配套成品仓库合并在一起的。这里主要探讨的是独立的配套成品仓库，其不具备分销中心仓库的功能。下面将简单对比生产型企业的配套成品仓库与分销中心仓库，以介绍二者有何不同。

1. 收货

配套成品仓库的入库产品只有一种来源，就是生产下线产品。由于运输距离较短，配套成品仓库的收货通常不会像分销中心仓库的收货那样，还有第三方（承运商）的参与。入库货物的交接主要有两种方式。

第一种，生产线上的人员将下线堆码完成的货物带盘拉到一个固定的交接暂存区，跟配套成品仓库的仓管员进行交接。

第二种，配套成品仓库的叉车司机直接到生产线线尾取货，并完成交接。

如果你所在的仓库使用的是第二种交接方式，那么，对于配套成品仓库的管理者的要求会更高，因为一旦生产线线尾的产品不能及时取走，就有可能造成生产线停产。

我曾经负责过一个厂内物流仓储项目的启动，该项目给甲方提供服务的范围包括原材料库存、半成品库存、成品库存的管理。我发现，生产线停产最直接的原因是下线的产品无法及时被叉车司机取走，而间接原因是配套成品仓库爆仓。爆仓意味着配套成品仓库没有可以使用的库位，叉车司机从线尾取走的货物没有地方放，就会积压在线尾。爆仓的原因主要是配套成品仓库发货时装车效率低。我们可以把配套成品仓库想象成一个水池，水池的容量有限，如果出水的速度小于进水的速度，就可能导致水池里的水溢出来。

配套成品仓库只对接所属工厂生产下线的产品，因此，其存储的货物品类较少、批量较大，管理难度小。分销中心仓库的定位则是根据客户订单，要保证自己的配送能力能辐射某个区域。为了确保产品供应的全面性及出于成本考虑，存储在分销中心仓库的产品品类较齐全。生产型企业分布在全国各地的工厂生产的产品都会运输到分销中心仓库。存储的品类越多，管理难度也就越大。

2. 发运

通常情况下，生产下线的产品的质量状态是待检状态，只有经质检人员抽检合格以后，这些产品才能正常发运。这意味着，配套成品仓库交接入库的货物，只有抽检合格以后，才能正常发运到下游的分销中心仓库，而抽检结果为不合格的则禁止发运。

因此，在仓储管理过程中，我们需要特别注意对产品质量状态的管理。管理方式可以考虑下面几种。

第一，在WMS内设置3种质量状态，即待检状态、放行状态、扣货状态。对于处于待检和扣货状态的产品，当计划人员下达调运任务时，配套成品仓库是不能参与产品发运分配的，系统也不会提示拣货。

第二，把扣货状态的产品放到仓库的指定区域，不允许在正常库位存储。另外，将红色的卡片或者布条放到处于扣货状态的产品上，从视觉上提示仓库的操作人员。

第三，有的仓库除了在WMS中设置不同的质量状态之外，也同步对实物进行管理，也就是把前面讲到的两种方式结合在一起，这实际上就形成了双保险。

配套成品仓库的产品发运主要有两种形式。

第一，以箱为单位。这就是在发货时，将产品从托盘上一箱一箱搬下来，装到提货车辆上。

第二，以托盘为单位。这就是在发货时，以工厂内存储的托盘为单位，不再从托盘上拆零，直接以托盘为单位进行交接，装到提货车辆上。

对比这两种方式，以箱为单位装运，车厢的满载率较高，但是装车的时间长，且装、卸车的过程会造成产品的损坏。以托盘为单位装运，车厢的满载率较低，但是装车的时间短，且是带盘装、卸车，货损率较低。

具体采用哪种方式，主要取决于配套成品仓库与分销中心仓库之间的距离。距离短的话，可以考虑带盘运输，虽然牺牲了车厢的满载率，但是每天装运的趟数多了，两边的效率都会比较高；距离长的话，比如要调运到其他区域的分销中心仓库，则建议考虑以箱为单位运输。

5.4 流程的管理

仓库管理人员不仅要编写标准化作业流程，更要对标准化作业流程进行管理。很多仓库管理人员在对待标准化作业流程时，往往会陷入下面几个误区中，比如流程制订好了以后，就成了"神书"，不再进行任何的优化改进；流程的要求和作业人员的实际执行情况是"两张皮"，内容写得挺好，但作业人员就是不按流程执行……

关于流程的管理，建议从下面几个方面入手。

5.4.1 流程的编写

流程的编写要分两种情况进行探讨。

1. 在运营

在运营指的是已经在运营的物流业务，然而作业人员没有 SOP 作为工作中的指导，而管理人员则认识到了 SOP 的重要性。

如果作业人员都是新人，那管理人员可以指定一个人来编写。其编写时应采用观察法。具体操作是，先梳理出每个作业类型的关键节点，观察相关作业人员的作业行为，然后记录下来。这里的作业类型具体指收货作业、发货作业、库存盘点等。以盘点流程为例，关键节点具体指制订盘点计划、确定盘点人员、执行盘点任务、分析库存差异原因并解决、形成盘点报告。

采用观察法编写流程时，需要注意以下 3 点。

第一，观察和记录的次数建议在 5 次以上，观察和记录的次数太少，可能会存在一定的偶然性，导致统计数据不够准确。样本量越大，越不需要凭"运气"就能得出"好"的结果。

第二，在时间选择上，尽量避开两个班组交接班的时间点，因为在这个时间段，员工的作业水平不太稳定。

第三，如果每个岗位有多名作业人员，那么最好对所有作业人员的操作过程进行记录。

2. 启动中

启动中指的是正在启动中的仓储项目，还没开始正式地进行收货和发货作业，也就是本书探讨的范围。这实际上是最有利于建立标准化作业流程的阶段之一。

与在运营所采用的方法不同，因为业务还没有正式开始运转，编写人员没法通过观察法来完成SOP的编写，所以可直接从市场上招聘工作经验丰富的仓储人员，或者是抽调公司其他仓储项目中的运营管理人员，让他们来组织编写SOP。

这些人员的经验应尽量跟目前正在启动的项目相匹配，这样大部分经验都可以复制过来，先"僵化"、再优化、后固化。SOP编写人员非常关键，我们务必重视对其的选择。编写人员在编写SOP时，要按照统一的格式对其进行整理。

5.4.2 流程的审批及生效

流程编写或者修改完成后，即可提交给运作控制人员和质量控制人员进行审批。这里的运作控制人员主要是指仓库经理，质量控制人员包括质量主管或者质量经理。

1. 审批

运作控制人员和质量控制人员在拿到编写好的流程以后，负责对流程的编写提出建议。流程的编写人员根据运作控制人员和质量控制人员的建议进行修改，直至符合要求。

审核合格以后，运作控制人员和质量控制人员以手写的方式签署姓名和日期，以示批准。特别提醒，在表尾签署的审批日期，不能跟表头的生效日期是同一天，因为在每个流程正式生效之前，我们要留出来足够的培训时间，具体可以根据所管理仓库的实际情况进行确定，建议间隔5天左右。

2. 培训

流程的第一次编写，通常都是有计划、有目的的编写。因此，不建议每审核完一个独立的流程，就组织一次培训，而应等整个体系的流程都审批完之后，组织一次系统的培训，这样效果相对更好一些。培训过程要做好记录，比如参加培训的人员要签到、培训用的考核试卷要留存、对培训现场拍照等。

3. 分发

在流程生效的前两天，质量控制人员负责将所有的流程文件进行复印并分发（审批完并签字的流程文件是原件）。分发前，质量控制人员要检查复印件的质量，确保文字、图片、表格清晰且无遗漏（除了正义还要包含相应的附件）。为确保复印件的有效性，质量控制人员要在每份文件上盖章。其他任何人无权复印，没有盖章的文件无效且要追究复印人员的责任。

流程文件的分发、发多少份、发给谁，以实际情况为准。流程文件通常分发给仓库作业一线人员，质量控制人员要做好分发记录。如果是分发修改后的文件，那么质量控制人员在分发的同时，要对上一个版本的文件进行回收，回收情况也要做好记录，建议将文件的分发和回收情况记录到一张表上，一一对应。

5.4.3 流程的优化

标准化作业流程是指根据在实践中不断总结的经验、方法，编写而成的适用于当下的、可实现的、最优的操作程序。

在标准化作业流程指导的大量实操中，我们会发现一些标准化作业流程存在缺陷，或者因为客户需求的变化导致流程中的部分内容不再适用，这时怎么办？这就需要我们定期对现行的流程进行回顾和优化。

对于新启动的仓储项目，建议每半年回顾和优化一次。如果部分独立的标准化作业流程依然是当下最适用的，那么我们也没有必要为了修改而修改。

对于需要修改的流程文件，编写人员在提交运作控制人员和质量控制人员审批时，要附上一张说明书，在其中列明需要修改的原因，比如客户需求变化、业务范围变化、现行的流程文件不能满足业务操作需求等。

另外，电子版的文件上要能清晰地看出修改的痕迹，比如把修改部分的字体颜色变成红色。不过，由于分发下去的文件是黑白的复印件，因此，除了在电子版的文件上对修改部分的文字进行标红外，我们还可以做一些特殊的标记，比如在修改的某句话或者某个段落前面，加上"*"，如果是新增的内容，在这部分内容前面加上"**"。这样一来，一线的人员在学习或者查阅最新的流程文件时，就很清楚最新版跟上一版的区别。

5.4.4 流程的作废及回收

流程的作废和回收主要分为两种情况。

第一种，程序更新。当上一版的流程文件不适用时，就要制订新版的流程文件，那么，在分发新的流程文件时，就要把上一版的旧文件全部回收，确保放在现场的都是最新的文件。

第二种，业务变化。编写流程文件时，编写人员通常是基于某个作业类型来展开的，比如产品的收货流程、产品的发货流程、产品的换箱流程、非正常品的报废流程等。那么，当业务范围发生变化，比如客户不再允许仓库进行换箱作业时，就会导致产品的换箱流程整体失效，我们就要对相应流程文件进行作废和回收处理。

第3部分
落地篇

在规划篇，我们确定了仓库布局、组织结构、作业流程的规划方案，而如何让方案有效落地，则是整个仓储项目管理中的重中之重。我们千万不要"眉毛胡子一把抓"，要分清主次，把握规律，把好钢用在刀刃上。我们要利用仓储项目管理的方法，按模块、分阶段有序往前推进。

落地篇将介绍如何组织各种资源（场地、人员、设备），使规划方案精准落地，将仓储项目从无到有地建立起来，包括供应商考察、筛选与评估，场地交接、装修与布置，人员招聘、培训与后勤保障，系统开发、测试与维护，货物搬仓、收货与发货等内容。

第6章

▼

供应商考察、筛选与评估

仓储业务在项目管理阶段存在很多外部资源采购需求，比如场地租赁、设备采购、劳务外包等。庆幸的是，在市场的专业化分工背景下，围绕仓储物流环节衍生出不少提供配套设施设备及服务的供应商。

本章将分别对仓库、存储设备、搬运设备、劳务、信息系统、办公室装修、监控系统、网络等外部资源的采购展开探讨，并学习在供应商的考察、筛选与评估过程中有哪些陷阱可以避开，以及如何找到适合自己的供应商。

6

6.1 仓库供应商的选择与评估

6.1.1 重新认知仓库

1. 仓库资质

仓库资质主要包含营业执照、房地产权证、消防验收报告、防雷检测报告、消防设施维护保养报告，除此之外，业主单位（出租方）还要一并提供仓库的平面布局图及电子版的 CAD 图纸。

在审核资质的过程中，我们特别要关注两点。

第一，业主单位是否存在信用风险？比如，仓库是否被抵押？业主单位是否在跟其他企业的官司中处于被告身份？另外，尽量从房地产权人那里直接租赁，如果只能跟二房东合作，那么一定要审核二房东跟房地产权人之间的约定，比如租赁期限。

第二，仓库是否通过消防验收？按火灾危险性，消防等级可以分为甲、乙、丙、丁、戊类，按建筑耐火等级，分为一、二、三、四级。其中甲类的消防等级最高，可以存储危险品，丙类仓库最为常见。不同的消防等级对于仓库可以存储的货物都有具体的要求。使用方要了解拟存储的货物的存储要求跟业主单位的仓库的消防等级是否匹配。

仓库资质的合法、合规是租赁仓库的硬性条件，否则，使用了资质不全的仓库，后期一旦发生风险，使用方要承担管理责任。

2. 地理位置

地理位置主要指仓库所处位置与周边的高速路口的距离，与城市外环线的距离，与火车站和机场等的距离。另外，我们还要关注仓库周边的道路是否存在限行、限高等情况。

3. 仓库硬件

仓库硬件涉及很多具体的内容。如果时间及预算允许，我们应尽量到仓库现场实地考察后再做决定。

（1）高台库与平面库。

目前，市场上常见的仓库为标准化的高台库，即仓库内的地面与仓库外的地面有 1.4 米左右的高度差，以方便装卸作业，提高作业效率。

与高台库相对的就是平面库，其适合存储一些汽车配件，叉车取货后可直接从库内驶出并带盘装车（多为飞翼车）。

（2）仓库地面。

仓库地面的最上面一层多为金刚砂耐磨地坪，有的使用方对地面则有更高的要求，会在地面上再加一层环氧树脂（具有耐磨、防静电、防腐等功能）。地面承重一般为每平方米承重 3~5 吨，对于存储钢材等重型货物的仓库，地面承重通常要达到每平方米承重 10 吨。

（3）库房的顶高与檐高。

为了实现及时排水，仓库的屋面一般会设计成两侧坡型，顶高即两侧坡型屋面汇聚的最高点与室内地面的高度差，檐高即屋顶与外墙连接的点与室内地面的高度差。

（4）屋顶照明。

目前常见的屋顶的照明灯是 LED 灯，最好带有灯罩。如果是老式的传统仓库，则要关注屋顶照明是否存在安全隐患。

为了节约能源，很多高标准仓库在设计屋面时，会安装一些采光带，阳光可通过采光带照进库房，这样白天就不必打开照明灯。

（5）屋顶排水。

尽量不要在库房内设置排水口和井道，否则，一方面很容易滋生蚊虫，另一方面，雨水在无法及时排出的时候，很有可能从井道涌入库房内的地面上，影响仓库的正常作业，甚至造成货损。

（6）作业区域雨棚。

室外的作业区域通常要设置雨棚，雨棚一般高 6 米、宽 6 米。雨棚与仓库外墙形成上扬的夹角（不能是 90 度），与仓库外墙的连接处要设计一些雨水管道，这样积水便可通过雨水管道排出。

有的仓库没有设计雨水管道，直接让雨水顺着雨棚的外檐流下去。这样做其实不太合理，且不说下雨的时候，仓库看着跟水帘洞似的，重点是如果雨棚下存在装卸作业，雨水很可能会淋湿货物。

（7）仓库卷帘门。

我们在设计仓库卷帘门时，要考虑叉车的通行，那么我们一定要了解叉车的高度及宽度，避免设计完后叉车无法通过的情况发生。仓库卷帘门的高度一般建议设为 4.5 米，宽度一般建议设为 4.2 米。

（8）叉车充电间。

叉车充电间是整个仓库中对消防安全要求最高的区域之一，因为叉车电瓶在充电过程中会产生氢气，氢气聚集多了以后，遇到火花便会爆炸。因此，按照消防要求，叉车充电间不能设置在库房内，而要单独设立于一个空间。

叉车充电间内要配备气体检测及报警装置、强制通风设备，屋面要设计成泄爆屋面，最好为充电器配备防爆插头。

（9）其他配套用房。

仓库中要有办公区域。一般情况下，业主单位会把办公区域跟库房连在一起，靠在某个角落，也就是每一个防火分区内都有一个独立的办公区域。有的业主单位在设计时，则会把办公区域设置在一个独立的区域，这个区域集生活、办公功能于一体，不跟库房相连。

4. 仓库费用

仓库费用主要分为两个部分，仓库租金及物业费。

有的业主单位会在给出的租赁条件中设置免租期，比如租期为 1 年时，给予 1 个月的免租期，免租期内不收租金，但物业费正常收取。这样的话，仓库每天的实际租金，就要根据免租期重新进行计算。

另外，如果租期超过 1 年，业主单位通常会给出每年的费用递增条件，比如租赁费和物业费在上一年的基础上每年递增 4%。那么，在测算仓库费用的时候，这也是需要考虑的。

6.1.2 如何选择合适的仓库

考察了几个仓库，如何做出最优的选择？建议在满足使用功能的前提下，重点考虑以下 3 点，如图 6-1 所示。

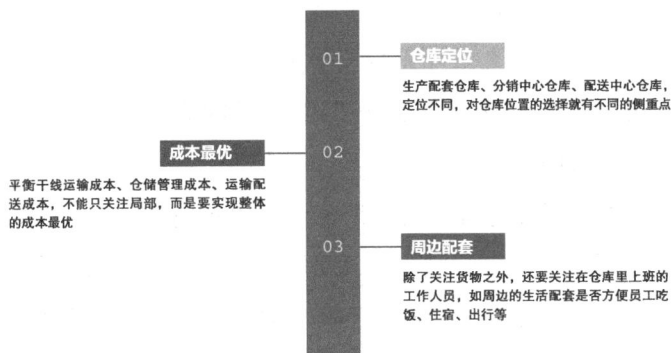

图 6-1　如何找到合适的仓库

1. 仓库定位

按使用方的用途来划分，仓库可以分为生产配套仓库、分销中心仓库、配送中心仓库三大类，不同类型的仓库在位置选择上有所不同。

一般情况下，如果生产型企业的资金充裕，都会考虑在新建厂房时，在其场院内建设配套成品仓库。不过，近几年，由于部分生产型企业扩大产能，把以前的一部分或全部生产配套仓库改造成了生产线，它们就出现了需要在外面租仓的需求。因为要满足下线产品的存储，生产配套仓库通常是距离生产线越近越好。

分销中心仓库，区别于生产配套仓库，这类仓库除了存储当地工厂生产的产品之外，还会接收从外地工厂或仓库调拨过来的成品。这类仓库主要用于满足区域的（如华北、东北、西北、西南、华中、华东、华南）分销需求，基本上要进行全品类存储。因此，在选择其位置时，我们需要综合考虑卸货车辆和提货车辆的便利性。

配送中心仓库的配送运输范围较分销中心仓库更小，通常只辐射当地或者临近几个城市。在配送中心仓库的位置选择上，我们则更多地要考虑配送的便利性。

2. 成本最优

任何一家企业在做出仓库选址的重大决定时，肯定要综合考虑成本因素。如果我们是甲方，那么一定要平衡整个链条的成本，而不能单纯考虑仓储管理成本。以分销中心仓库的选址为例，相关成本主要包括以下 3 个部分。

干线运输成本。干线运输成本指的是，从外地调拨货物到目的地所需花费的成本。通常，运输距离越长，干线运输成本越高。

仓储管理成本。仓储管理成本主要是由 3 个方面的费用构成：场地费用、人员费用和设备费用。在仓储管理成本中，场地费用的占比较大，而场地费用的高低跟仓库所在位置有很大的关系，靠近城市外环线的仓库，其场地费用要远高于远离城市外环线的仓库。

运输配送成本。运输配送成本指的是，将货物从当地仓库配送，至经端客户的运输费用。通常情况下，经端客户的收货地比较分散。运输配送成本包含运输费用和上门费用（如卸车费），而运输费用跟运输距离成正比。

3. 周边配套

周边配套是我们在做仓库选址决策时，很容易忽略掉的一个因素。它虽然看上去不是那么重要，但是对后续的运营管理的影响非常大。

有了仓库，就要有相应的人员来管理的，那么企业一定要为他们提供后勤保障，具体体现在吃饭、住宿、出行等方面，这就涉及了仓库周边的生活配套水平。有的企业会考虑给员工提供宿舍、班车接送服务、食堂用餐优惠，这样的条件自然是可以留住员工的，但是很少有生活配套这么齐全的企业。

6.2　存储设备供应商的选择与评估

6.2.1　货架

1. 明确使用需求

托盘数量。尽管在第 3 章讲仓库布局设计时，我们学习了如何测算基础的货架数据（每种货架类型对应的托盘数量），但是在货架的采购阶段，我们还是需要邀请货架公司给出一个相对精准的 CAD 布局设计图。这么做的主要原因在于，不同货架公司的货架用料及规格不完全相同，同时，考虑到抗震等级等因素，货架公司最终计算出来的托盘数量会跟仓库布局设计人员测算的托盘数量有出入。大多数情况下，前者测算出的数量比后者少。对于货架公司给出的创新解决方案，最好是有已经成功实施的案例来证明其可靠性，必要的时候我们可以去现场考察。

货架承重。货架承重需考虑两个方面：第一，地面承重，这个数据可找仓库的租赁方咨询，其仓库地面的设计图纸上会有体现；第二，每个整盘货物的重量，根据货物的整盘堆码标准推算出整盘的箱数，然后乘以每箱货物的重量，再加上托盘的重量，即可得到此数据。需要注意的是，计算货架上每个托盘存储单元的承重时，尽量不要可丁可卯，而是要留出一定的余量，通常设计承重是实际承重的 1.2 倍甚至更多。货架承重能力主要受 3 个因素影响：货架材质、货架零部件的连接方式、货架的结构。

防护设备。在采购货架时，我们通常还要从安全角度出发，做一些其他的考虑。因为货架在使用过程中，几乎无法避免因叉车司机操作失误造成的碰撞，而货架一旦发生变形，就要及时更换。更换货架产生的成本不仅仅是可见的材料费用，还涉及货架拆卸和安装的人工费用。因此，我们非常有必要在采购货架时，根据实际需要配置一定数量的防护设备，比如货架立柱前的防撞柱、货架两端的防护栏、货架高层排位上的防护网等。

2. 生产、运输及安装周期

货架公司为了减少资金的占用，通常不会提前建立太多的货架库存，而且，在很多时候，不同客户的订单需求不同，货架订单通常是定制化的。也就是说，货架公司会先确定货架的设计方案，与客户签订了货架合同以后，才会进入大批量的生产环节。

因此，从生产、运输、安装完成，到验收合格投入使用，需要一定的时间周期。我们一定要让货架公司明确这个时间周期，以免影响仓库的正常启用。

3. 售后

货架投入使用以后，经过一段时间，可能会出现一些售后需求，比如由于叉车司机操作失误把货架的立柱撞坏了，或者把横梁撞弯了，货架需要进行维修，此时我们就需要明确货架配件的采购费用、运输费用、安装费用，以及整个流程所需时间。因为只是更换立柱或者横梁，所以这里提到的采购费用，通常不以板位为单位报价，而是根据不同型号的立柱和横梁单独报价，安装费通常会以工时费的形式体现。

有些企业在采购货架时，也会提前储备一部分备件（此时属于批量采购，单价更低），以便发生立柱或者横梁损坏的时候，能够及时更换。因为没有生产和运输环节，可以直接通知厂家安排人员上门操作，缩短了时间周期，对仓库业务运作的影响就会更小。

4. 货架费用

货架公司给出的报价，一般是基于材料用量、运输车次、安装人数等数据进行测算的，呈现给企业的就是折合到每个板位的价格，当然，有的货架公司会把运费和安装费用单列出来。不管货架公司采用哪种报价形式，最终报价一定是基于其所使用的材料、运输车辆、安装工人等方面得出的，所以，采购方可要求货架公司一并提供其所使用的主要材料型号和数量、运输车型和车次、使用的工人数量和需要的安装天数等，以判断其报价是否合理。

6.2.2 托盘

1. 明确使用需求

托盘材质。按材质分，托盘包括木质托盘、塑料托盘、金属托盘、纸托盘、复合材料托盘等。仓库内可以用来长期存放货物的托盘，主要是木制托盘和塑料托盘两大类。木质托盘比塑料托盘的生产成本更低，检修相对容易，缺陷是容易生虫等，所以在定制木质托盘时，采购方通常会要求生产厂家对托盘进行熏蒸，把木材内的虫卵杀掉。

托盘规格。国际标准化组织（International Organization for Stand ardization，ISO）规定的托盘规格有如下 6 种[1]：1200 毫米 × 1000 毫米、1200 毫米 × 800 毫米、1219 毫米 × 1016 毫米、1140 毫米 × 1140 毫米、1100 毫米 × 1100 毫米、1067 毫米 × 1067 毫米。其中全球应用得最广泛的是 1200 毫米 × 1000 毫米的托盘，也是我国最常见的托盘规格之一。

单双面用途。托盘可分为单面使用托盘和双面使用托盘。单面使用托盘是仅有一面可以用于堆码货物的托盘，双面使用托盘是正反两面（通常两面完全一样）都可以用来堆码货物，且具有相同的承载能力的托盘。

承载重量。托盘的载荷分为动载载荷、静载载荷、货架载荷。托盘的载荷与托盘上货物的摆放方式有很大关系，应尽量将货物均匀平铺在托盘上，然后往上逐层码放。基于这个前提，静载载荷是指托盘放在水平且刚性的平面上，托盘所能承受的最大重量；动载载荷是指在使用叉车转移时，托盘在动态作业中，所能承受的最大重量；货架载荷指托盘在横梁货架上或其他类似的货架上，跨横梁架空时，所能承受的最大重量。托盘的载荷的选择取决于托盘的使用途径，当托盘要上架存储时，托盘的货架载荷最为重要。

托盘标识。为了便于后期管理和区分，在采购托盘时，建议由托盘的生产厂家在每一块托盘上喷涂采购方的企业 Logo 或者其他标识。

2. 托盘采购形式

市场上常见的托盘供应商主要分为两类：生产厂家和租赁企业。

采购方若自购托盘，就对接生产厂家，由生产厂家基于采购方的使用需求进行报价，相关费用包含托盘的生产费用和物流运输费用两个部分。跟货架一样，自购托盘在仓储运营过程中，会以固定资产折旧的形式体现到每月的成本中。

采购方若租赁托盘，就对接租赁企业，租赁企业的报价形式通常是根据不同的租赁数量，给出对应的每个托盘的租金，租赁数量越大，租金相对越低。在后期的运营中，采购方通常以每月的实际用量计算租赁托盘的总成本。

自购托盘的成本相对低一些，在后期的使用过程中如果能小心操作，托盘的使用寿命越长，对采购方而言越划算。但是，如果人员操作不规范或者管理不善，一旦发生大批量的托盘损坏，代价是非常大的。首先，损坏的托盘肯定暂时不能使用了，这就会导致现有的可使用托盘的库存减少，必要的时候采购方还要额外采购新的托盘；其次，对于损坏的托盘，采购方需要采购不同规格的材料，并安排工人维修，这也是需要成本的。

现阶段，租赁托盘模式基本上进入了成熟阶段，那些大型的生产企业、物流企业和零售企业，都在采用租赁托盘模式。其优点在于，按需租赁，可减少资源浪费（需要的时候租赁，不需要的时候退租）；响应速度更快；降低管理难度（托盘损坏时不需要投入精力、财力去维修）；上下游业务可以有效连接（比如工厂的成品可以带盘运输至分销中心仓库，零售商的订单也可以带盘运输至配送中心仓库）。

6.3 搬运设备供应商的选择与评估

6.3.1 叉车

1. 明确使用需求

动力来源。按动力来源不同，叉车主要分为燃油叉车和电动叉车两类。

如果叉车主要在库内行驶，且拟存放的货物对储存环境有明确要求，则尽量使用电动叉车。燃油叉车排放的尾气对有些货物"不友好"。

举高高度。叉车的举高高度主要取决于仓库货物在库房内的码放高度。如果货物使用货架存储，那么跟货架配套使用的叉车的举高高度要大于货架最上面那层的横梁的高度。

最大载重。叉车的最大载重是指货物重心至货叉前臂的距离不大于载荷中心距时，允许起升的货物的最大重量。最大载重的单位为吨，不同的车型在出厂时有不同的最大载重。在选择叉车时，我们要根据整盘货物的重量来考虑，如果有的货物是叠盘转运，那么，叉车需要承载的重量就等于每盘货物的重量乘以盘数。

驾驶姿势。按驾驶姿势不同叉车主要分为站立式和坐驾式两种，我们根据实际需要采购即可。无论使用哪种叉车，都建议叉车司机在作业一段时间以后，停车下来活动一下，以避免因久坐或者久站造成的身体损伤。

作业类型。如果是用于装卸作业，就应使用平衡重叉车。如果是用于往货架上放货，就应使用高位叉车。高位叉车中，比较常见的是前移式叉车和双深位前移式叉车。如果是在堆场里装卸集装箱，就应使用集装箱叉车。如果是用于夹纸卷类货物，则应使用抱夹叉车（分为平抱、圆抱两种）。

2. 叉车费用

叉车的使用也存在购买或者租赁两种形式。

若购买叉车，采购费用的支付有两种模式。第一种是传统模式，也就是先支付首付款，等叉车到了且验收合格后，再支付尾款。使用这种模式，企业的资金占用量比较大。第二种是杠杆模式，企业以租代买，也就是每个月支付一定金额给供应商，在双方约定的期限满了以后，叉车的所有权就转移给企业。如果资金不是太充裕，企业可以考虑第二种模式，这不会一次性占用企业太多的资金，但是企业要支付一定金额的利息。

租赁，跟以租代买不同，叉车的所有权在出租方，租赁方只有使用权。

通常情况下，出租方会根据租赁期限的长短给出报价，租期越长，价格优惠力度越大。需要注意的是，出租方拿出来供租赁的叉车，多为二手叉车，租赁方在获得出租方的报价时，一定要关注叉车出现故障时的响应时间（是12 小时、24 小时还是 48 小时或者其他），以及如何定责等。如果租赁的叉车数量较多，租赁方可以跟出租方要求提供一些相对新一些的叉车（故障率较低）。

6.3.2 其他搬运设备

仓储运营管理中会用到的其他搬运设备，除了叉车外，还有手动地牛、电动地牛、移动装卸作业平台等。

手动地牛，又叫手动液压搬运车，主要是利用液压千斤顶来进行升降重物的一种小巧的运输工具。与叉车不同的是，手动地牛能将重物托起的高度为 80~200 毫米。手动地牛的行走、起升都依靠人力来实现。因为通用性较强，市面上的手动地牛供应商有很多，我们在网上就可以买到现成的。在采购时，我们需要注意手动地牛的叉齿长度，尤其是使用双面托盘进行操作时，叉齿前端的轮子要穿过托盘，也就是手动地牛的叉齿长度要超出托盘进叉方向的长度。

电动地牛，又叫电动水平移动搬运车，其驱动装置和起升装置都以电池提供动力，以驱动轮子转动实现前进、拐弯和叉齿起升、下降。简单来说，电动地牛的行走、起升都依靠电来实现的。如果移动的是重货，手动地牛需要一个人在前面拉，另一个人从后面往前推，而使用电动地牛，一个人即可完成。按照驾驶姿势不同，电动地牛主要分为步行式和站立式两种。叉车供应商一般也会供应电动地牛，企业可以直接找叉车供应商询价。

移动装卸作业平台，又叫移动登车桥，体积较大，适用于无装卸设备的货台及流动装卸场所，是与叉车配合使用的货物装卸辅助设备。借助移动装卸作业平台，叉车能直接驶入货车车厢内部进行批量装卸作业。移动装卸作业平台主要有两种类型，机械式移动装卸作业平台和液压式移动装卸作业平台。机械式移动装卸作业平台通过齿轮传动进行升降，液压式移动装卸作业平台通过液压油缸进行升降。

6.4　劳务供应商的选择与评估

6.4.1　为什么要外包劳务

现阶段的物流行业中，虽然有一部分企业已经通过先进的物流技术实现了无人化作业，但是，大部分企业仍处于劳动密集型阶段，也就是对人的依赖性比较强，相当多的物流活动还是需要靠人工作业完成。接下来，我将逐层拆解企业为什么要将劳务外包。

1. 成本压力

企业当然可以自己招人，然后自己管理，过去大部分企业都是这样做的。然而，随着市场竞争日趋激烈，企业需要想尽各种办法控制运营成本，而人工成本就属于物流成本构成中占比较大的一个方面。

以仓储业务为例，其成本主要来自3个方面：场地费用（租金及物业费）、人工费用、设备费用（存储设备、搬运设备、办公设备，以及其他设备的费用）。每种费用都跟单价和数量两个因素有关。

其中，场地费用是指企业跟业主单位确定的租赁价格，相对固定；设备要么是一次性采购的，要么是租赁的，市场价格很透明，也几乎没什么下降空间。

2. 人工费用

人工费用为什么会成为企业，尤其是仓储物流企业重点抓的方面呢？我们可以通过拆解用工企业自己招人时涉及的费用来理解。显性的人工费用从工资条就能看出来，主要包括工资、五险一金、其他福利或者补贴（交通费、住宿费、伙食费等）。

显性的人工费用构成中，除了工资，其他的费用差不多占工资的

30%~50%，也就是说，企业表面上每月给员工发 5000 元的工资，实际上每个月会在员工身上花 6500~7500 元，这还不算企业在员工身上花的其他隐性费用。

比如，招聘人员的开支，日常的内训或者外部培训费用，逢年过节提供的额外福利的费用等，都属于人工费用的一部分。大家可能并非专业的财务人员，关于人工费用我只是想让大家理解，企业花在员工身上的并非只有工资。

想要降低人工费用，业内人士通常都能想到通过提升作业效率来减少员工数量，从而降低人工费用的做法。虽然这是一个不错的思路，但作业效率的提升也是有限制的，因此，有些用工企业就想到了将劳务外包的方法。

3. 专业分工

随着社会化分工越来越明显，围绕物流这个环节的生态链上的企业也层出不穷，早期主要是物流地产商、设备供应商为用工企业提供劳务，后来，为用工企业提供劳务的企业逐渐多了起来。

这些企业中有一部分是之前给生产型企业提供劳务的，因为市场有限，逐渐把经营范围拓展到了生产的下游，即物流环节中；还有一部分是之前给物流企业配套提供装卸劳务的，随着跟物流企业合作的深入，就增加了其他方面的劳务输出，比如提供叉车司机。以上提到的这两种企业是比较常见的，其他企业则包括外资的人力资源公司等。

既然市场上有了可以满足物流活动中用人需求的企业，需求方当然愿意合作。劳务外包以后，除了节省了人工费用之外，用工企业最大的受益点体现在以下几方面。

第一，以往对于用工企业而言的人工费用转变成了劳务费，这部分费用是通过发票来结算的，而增值税专用发票中的增值税是可以抵扣的，这样就使得用工企业的综合纳税金额降低，变相增加了利润。

第二，外包劳务的同时，用工企业把人员相关的风险也一并转移给了劳务供应商，如人员安全风险。由此产生的好处有3点：降低人员相关的风险对用工企业声誉的影响，用工企业不必承担主体责任，用工企业处理风险的费用减少。

第三，用工企业的用工方式更灵活。劳务供应商通常不只服务于一家用人企业，可能有很多的客户，那么，当用人企业业务量变大，对劳务的需求增加时，劳务供应商可以快速使其得到满足，而且用人企业不用担心业务量恢复正常水平以后，辞退多余员工的成本及风险。

6.4.2 装卸劳务

仓储物流业务中，最常见的一种劳务外包就是装卸劳务外包。对于企业而言，装卸货物的操作没有太高的技术含量，将其外包出去既能节省成本，又能提高整体作业效率。

1. 明确需求

货物规格。包括货物的长、宽、高、重量等。

用工人数。在第4章我们已经测算过装卸工的数量，这里再回顾下其测算逻辑。用每月平均的装车和卸车的作业量除以作业效率，再除以作业时间，得出每小时需要的装卸工组数，然后乘以每组的人数，再乘以班组数，就得出最终每天需要的装卸工数量。

作业内容。作业内容指的是需要装卸工完成哪些动作。以卸货为例，装卸工需要使用手动地牛将几个空托盘拉到车厢内，留下一个空托盘在手动地牛上，将其他的托盘侧立于车厢两侧，然后将车厢内的货物从上往下、从后往前取下来并按照提示的堆码标准码放到托盘上，码放完成一个整盘以后将货物从车厢内拉出来放到收货暂存区（另外一个装卸工在车厢内同步继续卸车、码盘），仓管员确认后，装卸工使用缠绕膜对货物进行保护。继续下一个循环，拉手动地牛去车厢卸货—码盘—拉到备货区—缠膜……卸货过程中，装卸工要辅助仓管员做一些检查，比如将外包装破损、原箱重量偏小等有质量问题的货物挑选出来。

2. 装卸费用

对于跟装卸活动相关的费用，用工企业通常不会按固定工资乘以用工人数的形式来邀请劳务供应商报价，而是会要求劳务供应商以重量或者体积为单位报价。用工企业采用这种报价模式的出发点在于，每天装车和卸车的作业量不稳定，如果每天装卸工的人数固定，当作业量小的时候，就会出现人员闲置的情况，造成资源浪费，或者装卸工干脆磨洋工，装卸效率低，从而影响整体的收发货作业进度。按重量或体积结费，一方面能提升装卸工的积极性（多劳多得），另一方面会促使劳务供应商合理安排当天的装卸工数量。

另外，对于物流企业而言，采用按重量或者体积来结费的形式，也是为了跟上游企业的报价模式保持一致（生产型企业将仓储业务外包给物流企业时，通常也采用这种结费形式）。

3. 注意事项

一用一备。采购存储设备和搬运设备时，在开仓收货之前，企业可以收到并验收实物，所见即所得。采购装卸劳务则不同，人员是流动的，用工企业即使要求劳务供应商在某个时间点把其需要的人员准备好，并清点了人数，也无法完全保证开仓时不出现问题（比如用工企业当时清点的人员是被临时抓过来充数的）。除了在合同中做相关的约定之外，用工企业应在采购装卸劳务时，采用一用一备的形式。假设用工企业采用的是最低价中标的形式，在与报价最低的劳务供应商签完合同以后，还要约谈报价第二低的劳务供应商，在双方认可的价格范围内签订一份意向合同，一旦中标方出现问题，用工企业起码还有替补供应商，不至于慌乱应对。

储备人员。装卸工的作业效率在收货和发货环节非常关键，尤其是在开仓初期装卸作业量就达到测算的平均水平的仓储项目。能够预见的是，前期装卸工对货物不熟悉，装卸效率一定达不到预期的要求，怎么办？能力不够，人数来凑！而对于开仓以后逐步增加作业量的项目，则没有太大必要储备额外的装卸工。

6.4.3 其他劳务

有的用工企业除了会把装卸劳务外包给劳务供应商以外，还会把叉车劳务外包。当然，还有外包得更彻底的，即直接把整个仓储业务都外包给第三方，用工企业只安排一两个管理人员负责日常的指导、协调和监管。之所以会把整个仓储业务外包，从财务角度来看，是因为自营仓储业务的管理成本高于将其外包给第三方的交易成本。

6.5 信息系统供应商选择与评估

6.5.1 WMS 的必要性

使用 WMS 来辅助仓库管理，可以提高作业效率、降低人员差错率、降低管理难度、节约物流成本，如图 6-2 所示。

提高作业效率
作业量变得透明，便于绩效考核，系统的算法优于依赖个人能力的随机安排等

降低人员差错率
WMS 将人员的操作标准化，扫码确认减少了手动输入时产生的错误等

节约物流成本
作业效率提升可以使企业减掉一部分人员，降低人工费用，并通过实现无纸化操作减少耗材费用等

降低管理难度
每一步操作都有记录，可以输出各种报表、可对任务进行超时预警等

图 6-2 WMS 的必要性

1. 提高作业效率

数据量化。在传统的仓储管理模式下，每个人的作业量无法准确统计出来，使得一部分作业人员在工作中消极怠工，并会影响整个团队的士气和效率。WMS 让每个人每天的作业量变得透明，如果企业将作业量作为绩效考核的一个维度，便能进一步提高人员的作业效率。

系统规划。在传统的仓储管理模式下，入库库位选择的随机性很强，基本上是哪里有空排位就会把入库的货物放在那里，导致不同品类的货物几乎哪里都有，这就为接下来的发货环节造成了很多的不便。WMS 可以在内部做相关规则的设定，将同品类货物的存储排位规划在相对集中的区域，同时可以优化拣货路径，提高拣货效率。

2. 降低人员差错率

现阶段的仓储管理对人的依赖性仍然比较强。受学识、能力、情绪等影响，在工作中，所有人几乎都无法避免犯这样或那样的错误，如果把犯错的原因进行量化，无外乎 3 类：技不如人、不守规矩、不懂交叉验证。

WMS 最大的特点之一是能将所有人的作业动作标准化，也就是能尽量让人少动脑子，相关人员按照系统提示的步骤一步一步往下操作即可。

因为 WMS 在投入使用前已经做了大量的数据维护工作，所以当相关人员输入的信息不正确或者不符合设定规则的时候，WMS 就会给其反馈。另外，相比以往的手写或者手动输入，扫码确认的准确率更高。

3. 降低管理难度

操作记录。仓储业务中使用 WMS 的所有人员的操作都会在系统内留下痕迹，包括什么时间、什么人、完成了什么任务、花了多长时间完成等。仓储业务运作中出现的大部分问题，都可以通过系统记录进行追溯。

报表管理。WMS 可以基于已有的数据，根据实际需要，生成各种报表，如库存占有率报表、排位利用率报表、收货效率报表、拣货效率报表、发货效率报表、叉车司机上架和下架效率报表、补货效率报表等，从而辅助管理人员进行管理和决策。

超时预警。通过管理人员对每个操作环节的标准参数进行设置，WMS 能对超时的任务进行预警，从而帮助仓库的管理人员及时发现问题，有效地进行人员调度。WMS 还可以根据预计的出库、入库的货量，并结合现有的库存量进行实时分析，在爆仓情况发生前进行预警，帮助企业避免不必要的损失。

4. 节约物流成本

人工费用。作业效率提升以后，各个岗位作业的人数就可以适当缩减。即使减掉一个人，把时间拉长来看，也是一笔不小的费用节省。

耗材费用。在之前的手工账或者电子表格管理的模式下，需要使用很多的办公耗材，如货卡、打印纸、墨粉、色带等。使用了 WMS 以后，很多方面都可以实现无纸化操作，就可以节省耗材费用。

6.5.2 WMS 的费用

1. 中小型仓储项目

对于中小型仓储项目，企业可以考虑直接使用目前市场上已有的 WMS 产品，其提供的功能基本够用，企业没必要额外再投入资金重新开发一个自有的 WMS，甚至没有必要对采购来的 WMS 进行定制化的改造。

如何采购到适合自身仓储项目的 WMS 呢？最好的方法之一就是，参考与企业的仓储项目类型和信息系统使用需求相似的成功案例，有必要的话，企业可以前往该作业现场考察。

如果是直接采购市场上现成的 WMS 产品，相应的费用主要分为两个部分：软件部分——系统的使用费用（大部分是以年为单位收取）；硬件部分——与系统配套的设备费用（如手持终端设备等的费用）。

2. 大型仓储项目

对于一些大型仓储项目，如果市场上的 WMS 产品无法完全满足其运作的需要，企业可优先考虑跟某个信息系统供应商合作，在其现有的 WMS 产品的基础上，让其做一些定制化的深度开发。当然，如果资金足够充裕，企业也可以考虑组建信息系统开发团队，根据实际需求进行信息系统开发。

如果最终的方案是基于某个现有的 WMS 产品进行部分功能的深度开发，那么涉及的费用主要分为 3 部分：开发费用、使用费用、硬件费用。

6.6 其他供应商的选择与评估

6.6.1 办公室装修

办公室装修主要分为硬装和软装两部分。硬装指的是那些除去房体基本构造之外所有的不可移动的装饰物，包括对天花板、墙面、地面的处理，以及分割空间的实体、半实体等内部界面的处理。软装指的是除硬装外，可以活动的后期配置，如地毯、办公桌椅、窗帘、沙发等。

大型的装修公司通常硬装和软装都可以提供，因此，企业在采购时，可以根据办公室面积的大小及预算，决定是分别采购软装和硬装，还是合并采购。

1. 明确装修需求

在采购之前，项目团队中负责办公室装修的人员一定要先明确具体的装修需求。装修需求绝不是其拍脑门想出来的，其一定要征求将来办公室的使用方，也就是仓库的运营团队负责人的意见，具体的问题如下。

装修风格倾向于哪一种？工业风、现代风还是其他风格？近几年在仓库内的办公室比较流行工业风，其最大的优点之一是省钱，通过简单粗暴的方式加以处理，能最大限度地缩短工期，但整体装修效果较差。

是否要打一些隔断（非实墙，多用轻钢轮毂做骨架，然后在两侧打上石膏板），将整个办公区分割成几个独立的空间（如集体办公区、会议室、接待室等）？

员工的办公位需要多少个？怎么布局？确定下来办公位的布局后，在装修的时候，就可以在每个工位预留电线、插线板等的空间，没有预留的话，就会出现办公室到处都是明线及插线板的情况，看上去会比较乱。

2. 装修费用

负责装修的人员基于运营团队负责人的装修意见，结合自己的想法，以及项目团队在办公室装修上的费用预算，综合考虑后再跟装修公司谈判。

在报价时，装修公司通常会列出来一个清单，内容包括装修中采购的物料、施工工人的数量等，然后，在每个项目后面都会罗列出来相应的单价，将各部分相加就得到总价。如果负责装修的人员拿捏不准报价的高低，那就多找几家装修公司询价，比较之后，就能知道个大概了。

6.6.2 监控系统

对于仓库管理人员来讲，监控系统是一个非常好的辅助工具。

1. 监控系统的作用

实时监控。摄像机不会嫌累，不需要休息，可以实现 24 小时监控。

录像追踪。如发生盗窃事件未能及时发现并制止，或者现场出现的其他问题的责任不清时，仓库管理人员都可以调取录像来还原当时的情景。

警示震慑。摄像头可以起到一定的警示震慑作用，使得那些想做"小动作"的人不敢那么肆无忌惮。

远程操控。只要计算机或手机处于联网状态，仓库管理人员即可实时查看装监控区域，即使在放假时也可以随时随地查看。

方便管理。仓库管理人员不用亲自到现场，也可以了解库区的情况及相关人员的工作状态。

2. 明确使用需求

监控点位。企业应提前规划出需要进行监控的区域，也就是在仓库的平面布局图上画出摄像头点位布局情况。库区内建议安装监控系统的地方包括员工进出仓库的通道、外来人员进出仓库的通道、每个装卸作业门所在区域、仓库备货区、叉车充电间、电动地牛及叉车停放区、待换库换箱作业区域、报废作业区域、贵重物品存放区、办公区等。如果仓库是独门独院，则监控系统除了覆盖库区和办公区外，也要覆盖园区周围，比如在园区围栏上安装红外对射报警器，在园区四周每隔一段距离安装摄像头，在仓库人员及车辆进出入园区口安装摄像头等。

功能需求。如果需要摄像头具有旋转功能，则企业可以安装考虑带云台的摄像头。如果需要对监控画面进行放大，则企业可以考虑安装具有光学变焦或电子变焦功能的摄像头。如果只是针对小范围的区域进行监控，则企业可以考虑使用枪式摄像头（外观类似长方体或者较长的圆柱体）。另外，室外的摄像头尽量采用防水型的。为了后续的报价更合理，企业应尽量明确每个点位需要使用的摄像头的类型或者告知监控系统供应商自己想实现的功能。

3. 监控系统费用

监控系统供应商的报价主要包括摄像头、摄像机支架、监控电源线、PVC 线管、液晶显示器、网络硬盘录像机、硬盘、操作控制台、接插件、人工等的费用。企业在邀请监控系统供应商报价时，一定要让对方列明每种设备对应的品牌、规格、型号，以便后期更好地比较各家供应商报价的合理性。

6.6.3 网络

仓库的网络供应商分为两类，网络服务运营商和网络施工供应商。

1. 网络服务运营商

网络服务供应商就是我们经常提到的中国联通、中国移动、中国电信三大运营商，他们只负责把网络端口接到仓库外围的弱电入户井。若是租赁仓库，企业可以询问仓库的业主单位弱电入户井里已经配置好网络端口的是哪家运营商，如果弱电入户井中没有配置好网络端口，企业可以直接联系三大运营商的客服人员做进一步的沟通。

在询问之前，企业先要跟未来仓储运营团队的负责人沟通，询问其对网络的具体要求。比如，单位时间（一般指的是 1 秒）内能传输的数据量，也就是我们常说的带宽；是否需要为仓库的信息系统单独设一条专线宽带（优于普通宽带，不过费用更高）……对于不同的需求，运营商提供不同的报价。不过，相对来讲，网络服务运营商的费用是标准化的。

2. 网络施工供应商

网络施工供应商主要负责弱电入户井至弱电机房、弱电机房至办公室、弱电机房至库区的网络布线施工，弱电机房、办公室、库区的相关设施设备配置。以弱电机房内的配置为例，涉及的设备包括网络设备（服务器、路由器、交换机、机柜等）、动力设备（配电柜、不间断电源等）、环境设备（空调、除湿器等）、动态环境监控设备（温湿度传感器、配电监控器等）。

如果仓库的 WMS 可以实现货物的实时管理（货物的实际移动和系统操作是同步的），那么项目团队中的网络负责人就要征求 WMS 主管人员的意见，了解库区内的网络使用需求，是否要实现无线网络全覆盖。

网络施工供应商的报价主要包括：人工费用、设施设备（包含弱电机房、办公室、库区的相关设施设备）费用、线缆费用等。其中，不同网络施工供应商在机房内的设施设备费用报价中的差别会比较大，网络负责人需要给予更多的关注。

第7章

▼

场地交接、装修与布置

　　场地就是仓储活动的主要场所。新接手的仓库通常都是以"毛坯"的形式呈现的，是一个空旷的、封闭的、尚不具备正常作业条件的场地。必要的装修与布置，将会使仓库看上去更有秩序，也更有活力！

　　本章将从建筑工程交接、安装工程交接，以及其他交接事项开始介绍，确保投入使用的仓库符合需求，再进一步介绍货架安装、充电间改造、网络与监控施工、设备的验收与测试等设施设备的进场，最后介绍厂区与库区的标识布置。

7

7.1 仓库交接

不管是使用自有仓库，还是外租仓库，在真正开始运营之前，都会涉及相关人员之间对拟使用的仓库进行交接，交接的内容主要涉及以下3个方面。

7.1.1 建筑工程交接

顶棚。检查仓库的顶棚是否完好，尤其是要关注屋顶是否漏雨，建议下雨天的时候去现场观察，如有漏雨点，统计下来报给业主单位。

内墙。检查仓库内墙的墙面是否完好，如果过去该区域已经被其他客户使用过，则要特别关注内墙情况，比如墙面是否有坑洞、墙面是否被剐蹭、墙面靠近地面的交接区域是否有污染（脚印之类）等。

外墙。检查仓库外墙的墙面是否完好，比如外墙表面的彩钢板是否有翘起、墙面上安装的水管是否有损坏等。

地面。检查地面是否平整（如果安装货架，地面就要比较平整）、是否有裂缝、是否有沉降、是否有损坏（尤其是地面的伸缩缝周围，伸缩缝又称温度缝，其主要作用是防止房屋因气候变化而产生裂缝）；检查地面的材质是否与需求的一致，其中，环氧树脂的防尘效果最好，水泥的最差，常见的是金刚砂材质的地面。

装卸门。检查装卸门是否能正常开启和关闭，以及装卸门是否有损坏，清点可供使用的装卸门的数量。

消防卷帘门。检查消防卷帘门是否能正常开启和关闭，以及消防卷帘门是否有损坏。如果在未来运营中，叉车需要通过消防卷帘门去另外一个防火分区，则要测量消防卷帘门的宽度和高度，尤其是高度，确保叉车能正常通过。

安全逃生门。检查安全逃生门是否能正常开启和关闭，门面、门框及门把手是否有损坏。

窗户。检查仓库内所有窗户是否能正常开启和关闭，玻璃是否有损坏；检查消防自动排烟窗是否能正常联动；检查那些日常使用中经常开启的通风窗是否安装了纱窗，以及纱窗是否有损坏。

移动装卸作业平台。如果每个装卸垛口都安装了液压登车桥，要打开电源开关，检查液压登车桥是否能正常使用；核实液压登车桥的设计承载重量，并与未来运作中的实际载重（叉车重量＋托盘重量＋每盘货物的重量）做比较，避免超负荷；检查液压登车桥两侧是否安装了防撞墩，如有，进一步检查其是否损坏；清点移动装卸作业平台的数量，其通常与装卸门的数量是匹配的。

办公区域。检查办公区域的地面、墙面、窗户是否完好；所有的照明灯是否能正常使用，开关是否有损坏；卫生间的各项功能是否正常。

7.1.2 安装工程交接

电气工程。电气工程包括 3 个方面：动力系统、照明系统和弱电系统。关于动力系统，检查是否配备了专门的低压配电箱，检查其设计的使用功率是否匹配未来投入使用时的需求，不能超负荷，否则容易短路；关于照明系统，检查是否配置了专门的配电箱，检查屋顶的照明灯具是否采用了防爆灯具；关于弱电系统，检查是否有专门的弱电机房，且地面是否做了防静电处理。

排水工程。排水工程包括两个方面：生活排水和雨水排水。关于生活排水，检查室内实现污水、废水合流，室外是否采用雨污分流的排水系统，卫生间是否设置专用通气立管，就近排入市政污水管道；关于雨水排水，检查室外雨水经雨水口和雨水管道收集后，是否就近分多个排水点排至市政雨水管道和河流。这两个方面的情况通过查看仓库的设计图纸即可获得。

消防系统。检查仓库内是否配置了消防栓、灭火器、消防报警器、消防火灾监测装置（烟感监测或者红外线监测等）、消防水池、消防监控机房等，是否通过了当地的消防验收。

安防系统。安防系统包括3个方面：人防、视频监控系统、红外防盗报警系统。人防检查指的是检查关键的出入口是否都配置了安保人员；视频监控系统检查是指检查是否能通过视频监控系统及时发现问题，或者事后查询录像时是否能够溯源事件的过程；红外防盗报警系统检查通常是指检查有人翻越仓库园区的围墙时，是否会触发报警。

7.1.3 其他交接事项

水表数据。通常指拟租赁的防火分区安装独立的水表，在交接时，双方记录水表的读数。

电表数据。通常指对拟租赁的防火分区安装独立的电表，在交接时，双方记录电表的读数。

仓库钥匙对于拟租赁的防火分区涉及的钥匙，双方应全部清点交接。

合租问题。如果企业租赁的面积不足一个防火分区，通常会存在合租企业，不管企业是先入驻还是后入驻，都需要关注以下几点。

第一，拟存储的货物跟合租企业存储的货物是否能混储在一个防火分区内，比如合租企业存储的货物是否有特殊的气味，双方的货物对存储的温度要求是否相同、适用的灭火措施是否相同等。

第二，从货物安全角度考虑，跟合租企业和业主单位进行三方沟通，讨论如何在库区增加一些护栏或者其他技术手段，做一些物理上的隔离，费用如何分摊等。需要注意的是，在防火分区内安装的隔断，一定要遵守消防规定。

第三，对于使用防火分区内的公共设施所产生的费用，比如每月的电费、水费，应与合租企业商议以什么比例分摊。

交接完成后，双方在交接表上签字确认，各留一份存档。对于交接过程中发现的异常问题，业主单位需要在规定的时间内予以解决，避免影响企业的正常开仓。

7.2　设施设备的进场

在所有的设施设备进场前，企业一定要跟供应商签订施工期间安全协议，避免在施工过程中，因为对方操作失误造成的安全责任事件或者事故，给项目团队带来不必要的纠纷。

另外，如果项目团队的成员要去施工现场了解作业进度，一定要采取针对性的防护措施，比如戴安全帽、穿安全鞋（分为防砸安全鞋、防刺穿安全鞋、防静电安全鞋、绝缘安全鞋、防滑安全鞋以及耐酸/碱安全鞋等，按需配置）、穿反光背心、戴护目镜等。

7.2.1　货架安装

1. 资源协调

在安装货架之前及安装过程中，供应商需要做很多的准备工作，其中一部分工作需要项目团队出面协调。项目团队需要做的资源协调工作具体如下。

第一，带领货架供应商提前了解仓库厂区内的道路，比如道路宽度、转弯半径等，以便其合理安排运输货架的车辆。

第二，对货架的装配现场实行筹划与处理，寻找合适的场地，满足货架配件的卸货、临时存储及装配需求。

第三，如果货架供应商在施工时，需要利用建筑结构作为吊装的承力点时，应提前征询业主单位，业主单位同意后方可操作。

第四，组装货架配件及安装货架时，肯定会用到电源，则要提前带领货架供应商了解电源接口位置。

第五，对货架供应商进行施工前的培训，主要是指施工人员进出仓库的规定及库区内的安全管理细则，比如进场要佩戴工作证或者临时访客证、只能在吸烟区吸烟等。

第六，施工过程中，尽量避免让仓库的叉车协助货架安装，最好的方式是让货架供应商从外部租赁，如果需要偶尔使用，一定要在征得仓库设备管理人员同意之后方可操作。

2. 进度跟踪

货架安装过程中，项目团队要跟货架供应商货架安装负责人保持沟通，同时，定期到施工现场了解货架安装进度。进度跟踪包括以下内容。

第一，正式安装之前，跟货架安装负责人确定每天的施工计划，包括当天要安装的区域、用工人数等。这样每天检查进度的时候就会有参照。只要保证每天的进度都能按时达成，整体计划大概率能如期完成。

第二，在安装过程中，如果遇到与设计图纸不符的情况，一定要到现场了解实际情况。如果只是做一些小调整，不会影响货架的整体布局，双方负责人协商一致后，由货架供应商的设计人员直接做调整，并在图纸上做好标注。

第三，如果因为外部或者内部原因导致当天的安装任务没有如期完成，则要跟货架安装负责人协商如何把进度赶上来，比如延长当天的施工时间，或者次日增加安装人员的数量等。

3. 竣工验收

货架安装完成后，项目团队要安排人员跟货架供应商一起对货架进行验收。竣工验收包括如下内容。

第一，检查是否按照设计图纸施工。用卷尺抽样测量货架立柱、横梁的长度，测量叉车通道的宽度。检查立柱前面的防撞柱、货架两侧的防护栏、货架上的承重标识，是否都安装到位。

第二，检查货架的立柱和横梁是否有变形，货架配件从生产线下来，要经过装车、运输、卸车、装配等环节，一旦有一个环节操作不慎，都有可能造成货架配件的损坏或者变形。

第三，检查货架表面的喷涂质量，货架表面的处理情况是很容易看出来的，可以用肉眼直接检查货架表面是否符合要求，或者可以用锤子敲打货架表面看是否有油漆脱落的现象，从而确认货架供应商的喷涂是否符合标准。

7.2.2 充电间改造

如果仓库使用的是电动叉车和其他的电动搬运设备，那么，一定绕不开对充电间的改造和管理，如图 7-1 所示。

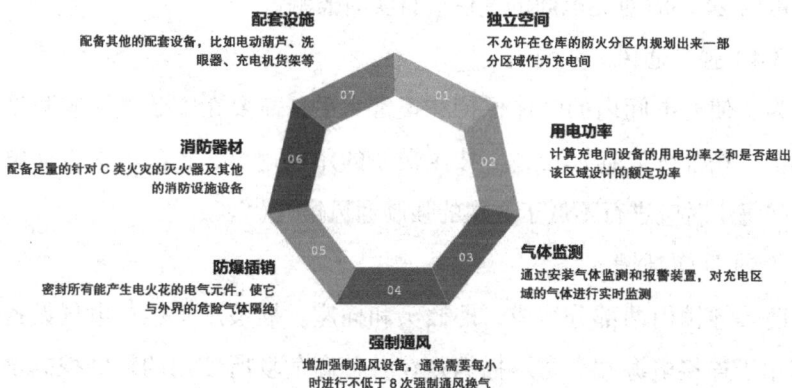

配套设施
配备其他的配套设备，比如电动葫芦、洗眼器、充电机货架等

独立空间
不允许在仓库的防火分区内规划出来一部分区域作为充电间

消防器材
配备足量的针对 C 类火灾的灭火器及其他的消防设施设备

用电功率
计算充电间设备的用电功率之和是否超出该区域设计的额定功率

防爆插销
密封所有能产生电火花的电气元件，使它与外界的危险气体隔绝

气体监测
通过安装气体监测和报警装置，对充电区域的气体进行实时监测

强制通风
增加强制通风设备，通常需要每小时进行不低于 8 次强制通风换气

图 7-1　充电间改造

（1）独立空间。

按照新的消防法规，充电间属于危险系数相对较高的区域，不允许将其规划在仓库的防火分区内。充电间尽量规划在独立的建筑中，以便管理者对充电间内的环境进行及时、有效的监测。同时，充电间的屋面尽量设置成防爆泄压屋面，其承重结构宜采用钢筋混凝土或钢框架、排架结构。如此，即便充电间发生了安全事故，其影响也被控制在了这个独立的空间内，不会对其他防火分区造成太大的影响。

（2）用电功率。

计算充电间内所有需要用电的设备的功率，其功率之和是否超出充电间的额定功率。仓库在建设施工阶段，会根据未来的用电功率来匹配线缆的型号，因此，当实际功率超出额定功率，且持续一段时间后，就会造成短路。如果设计的额定功率不够用，可以委托业主单位对该区域的电线线路进行改造升级，其中涉及的改造费用，需要双方协商解决。

（3）气体监测。

现阶段大部分的电瓶使用的仍然是铅酸电池，电瓶的蓄电池在充电过程中会通过电解产生氢气，当氢气的浓度达到一定水平，跟空气中的氧气混合，并遇到明火以后，就会发生爆炸。在充电间安装气体监测和报警装置，可以24小时对充电间的气体进行实时监测。

（4）强制通风。

为了使充电间内的气体保持在正常水平，需要在安装气体监测设备的基础上，增加强制通风设备。按照最新的用电规范，铅酸电池在充电时，充电间每小时应进行不低于8次的强制通风换气[12]。

（5）防爆插销。

防爆插销由两部分组成，即插头和插座。插头用于连接电气设备端，插座用于连接电源端。防爆插销是在各种高危场所使用的特殊控制设备，尤其是周围存在危险气体的场所，用来控制电气线路。其外壳采用铝合金压制而成，里面的电气元件均采取防爆处理，并且密封所有能产生电火花的电气元件，以与外界的危险气体隔绝。

（6）消防器材。

充电间必须按照《建筑灭火器配置设计规范》（GB 50140—2005）[13]配备足量的灭火器或其他消防设施。充电间发生的火灾主要是由气体引起的，属于C类火灾。C类火灾场所应选择磷酸铵盐干粉灭火器、碳酸氢钠干粉灭火器、二氧化碳灭火器或卤代烷灭火器。

（7）配套设施。

充电间内还应配备其他的配套设备，包括电动葫芦、洗眼器、充电机货架等。电动葫芦是一种特殊起重设备，叉车的铅酸动力电池很重，如果没有机械协助，很难将其移动（电动葫芦的操作人员需要具备特种设备操作证才能操作）。电池中的电解液具有毒性和腐蚀性，衣服、皮肤或眼睛沾染上电解液时，相关人员应立即使用洗眼器进行冲洗，暂时减缓有害物对身体的进一步侵害，进一步的处理和治疗需要遵从医生的指导。充电间内可以适当安装一些小货架，把充电机放在货架上方，充电的电瓶放在货架的下方，以提高空间利用率。

7.2.3 网络与监控施工

1. 设施设备验收

网络。主要涉及的设施设备包括从弱电入户井至弱电机房，以及从弱电机房至各个网络使用区域所铺设的线缆和网线，弱电机房的网络设备（服务器、路由器、交换机、机柜等）、动力设备（配电柜、不间断电源等）、环境设备（空调、除湿器等）、动态环境监控设备（温湿度传感器、配电监控器），仓库内办公室涉及的网络设备等。

监控。主要涉及的设施设备包括具有不同功能的摄像机、液晶显示器、网络硬盘录像机、硬盘、操作控制台等。

如果涉及的设施设备及其他辅助材料比较多，则根据其采购价格的二八法则，验收那 20% 的关键设备即可（占采购成本的 80%）。

2. 效果测试

网络。按照测试的实施机构，网络效果测试可以分为甲方测试（使用方实施）、乙方测试（施工方实施）、甲乙方联合测试（双方共同实施）、第三方测试（委托第三方机构测试）。需要注意的是，如果仓库的 WMS 使用的是专线宽带，则需要安排系统操作团队的人员一起进行测试；如果库房内要实现无线网络覆盖的话，则要使用专用的系统手持终端设备，在库房的各个角落进行网络信号测试，对于人员密集的区域（比如备货区），还要进行压力测试（同时安排多个人连接无线网络进行测试）。

监控。监控安装完以后，施工方和使用方要至少各安排两个人，一个人在监控室，一个人到现场，逐个点位进行测试，检查摄像头覆盖的区域是否达到了预期效果，如果未达到预期效果，由施工方人员先尝试对摄像头的角度及镜头的对焦情况进行调整，如果仍然无法满足要求，则记录下来，等所有的点位都验收完成后，再统一对不符合的点位进行重新设计和施工。

7.2.4 设备的验收与测试

1. 托盘

以验收木质托盘为例。

外观检测。托盘的表面平整、无毛刺、无飞边、无影响使用的裂纹和变形，在外观上没有霉变和虫蛀等缺陷，托盘上的钉子顶端和底端均不外露，带有熏蒸标识，带有采购方企业的 Logo 或者其他标识（如需）。

尺寸测量。按照采购合同上的托盘设计图纸，抽样检测托盘上各个部分的尺寸，包括托盘的长、宽、高，托盘面板上平铺板的厚度、数量，托盘上支撑方木的长、宽、高。即使在尺寸上有差异，也应该在双方约定的公差范围之内。

跌落测试。将木托盘一个角垂直提起，并使其对角距离地面 1.5 米，然后松手，使托盘向地面（非泥土路面）连续跌落两次，跌落后托盘表面、支撑方木、连接处等应无裂纹或者其他影响使用的变形。

托盘自重。抽样检测托盘自重，托盘自重是影响其售价的主要因素。例如塑料托盘的价格在很大程度上是由托盘自重来确定的，同样，木质托盘因为材质的不同，自重也不同，比如使用同样体积的木材，松木托盘就要比杨木托盘重。

托盘数量。用叉车按照一定的规则（比如一摞 10 个托盘），将托盘放置在临时收货区，每摞托盘之间留出距离，这样就很容易清点了。

如果仓库内使用的托盘是租赁的，托盘送到仓库以后，按照双方提前约定好的接收标准交接即可。需要注意的是，租赁的托盘大部分是二手托盘，在接收时，肯定会发现存在瑕疵的托盘，如果影响使用，就将其挑选出来，让供应商拉走。

2. 叉车

以验收电动叉车为例。

身份确认。检查随车的合格证与叉车的铭牌信息是否一致，包括制造厂名称、产品名称、型号、车辆自重、最大载重等。检查采购合同上列明的配置与实际的配置是否一致，包括门架高度、最大起升高度、电机型号、货叉的尺寸等。

外观检查。检查叉车车身上的油漆是否喷涂均匀，是否有划痕（运输中有可能会造成划痕）；检查轮胎是否为新胎，是否有磨损、开裂；检查叉车底盘下面有没有挂着的油滴等（如有，一定要重视。如果油滴比较清亮，可能才漏下来没多久；如果油滴比较黏稠，可能是残油，则要做进一步的检查）。

功能测试。打开叉车电源，检查灯光、喇叭、仪表状态、刹车、货叉的起升和下落等是否正常，加速性能，爬坡性能，叉车行驶起来是否有异常响动等，并进行载重测试。

如果仓库内使用的叉车是租赁的，通常叉车出租方会提供交接清单，双方按照交接清单交接即可。跟托盘租赁相似，叉车租赁市场上的叉车也主要是二手叉车，因此在交接时，对外观和性能要仔细检查，把存在的缺陷标注到交接清单中，必要的话，对有缺陷但是不影响使用的地方拍照或者录视频，以免退租时发生扯皮现象。

其他搬运设备如电动地牛、移动登车桥等，其验收方式也可以从身份确认、外观检查和功能测试 3 个维度展开。

7.3 仓库标识

7.3.1 厂区标识布置

1. 安装人员及车辆进出库管理规定标识牌

在园区的大门门口应该树立一个标识牌，或者将打印出来的管理规定张贴到园区入口处的建筑物上，展示给所有的入库人员。管理规定要涵盖人或者车入园、在园区、离开园区3个方面的内容。下面简单举例说明，大家可以根据企业自身的要求分类添加。

（1）人员。

人员包括企业内部员工、在园区内被企业长期授权的合作伙伴和外部来访人员，相关要求如下。

入园。内部员工需佩戴员工工作牌进入（最好是带有授权的电子门禁）；长期授权的合作伙伴需佩戴授权工作牌进入（与正式员工工作牌有区分）；外部来访人员需要在大门口保安室，持相关证件并在确认被访人员的电话后，方可办理访客登记手续，然后佩戴访客证进入园区。

园区内。按照园区规定的人行通道行走；在人车混行区域，禁止边走边接打电话；禁止在园区内吸烟；在穿戴好个人防护用品后方可进入仓库内部；外部来访人员要进入仓库内部，除了要穿戴好个人防护用品外，必须由主管及以上级别的员工陪同；禁止在仓库内拍照；离开仓库时需要在员工入库通道处进行自查，以及接受安保人员的检查。

离开。保安检查来访人员的随身携带物品，严禁其携带仓库内存储的产品离开；外部来访人员交回访客证并把押在保安室的证件换回；内部员工及长期授权的合作伙伴可直接刷电子门禁卡离开。

（2）车辆。

车辆包括轿车及货车，相关要求如下。

入园。内部员工驾驶轿车入园时，直接持车辆入园证或者经车牌号电子识别系统识别后进入；外部来访人员驾驶轿车入园时，需要在办理访客登记时，一并办理车辆入园手续；提货和卸货车辆的司机需持指定的提货和卸货单据及车辆和自身的证件到保安室办理入库登记手续。

园区内。按照园区内规定的车辆行驶路线行驶，严禁超速行驶，严禁逆行；禁止在园区内对车辆进行维修；禁止将车内的垃圾随意清扫到园区内；货车停靠在装卸垛口后，必须熄火并拉手刹；在卸车和装车过程中，没有仓库人员允许，禁止启动车辆。

离开。所有车辆在离库时均需要接受保安的检查；除提货车辆外，其他车内禁止装有仓库内存储的产品，如有，必须有库内防损主管的签条。

2. 园区人行通道画线

在园区内，经常会有货车在园区道路上行驶，为了确保人员的安全，建议规划出一条人行通道。人员沿着人行通道行走应既可以顺利进入办公区，也可以顺利进入库区。

如果人员必须要横穿园区内的车辆通道，则该区域需要画出斑马线。因为该区域人车混行，相对而言，危险系数较高。

有条件的企业可以考虑在人、车混行的区域，安装手动红绿灯。当有人需要穿过马路时，无论站在哪一侧，都可以手动按下红绿灯的电源，当信号灯变绿时，人员即可通行。

如果企业资金不充裕，可以提醒人员在通过该区域时，做停指行的动作，也就是，人员面向马路对面，先停下来，用手指着自己的左边、前面和右边，眼睛要随着手指的移动保持同步移动，确认三面没有车辆以后，方可正常通过。

3. 画出园区车辆行驶路线及地面标线

园区内除了人员之外，最多的要数进出的车辆了，尤其是提货、卸货的车辆。建议对园区内的道路进行规划，设计出车辆行驶路线和地面标线。按照功能的不同，地面标线可以分为 3 类：指示标线、警告标线和禁止标线。

如果园区占地面积大，建议基于园区的需求，直接从外部选择道路画线供应商，参照马路上的交通标线规定和绘制方法即可。

如果打算自己安排人员画线，要考虑司机在货车驾驶室内是否能清楚看到地面标线，千万不要为了节省费用，把地面标线画得太过"小气"。

4. 张贴车辆限速、转弯减速等标识，安装道路反光镜

车辆在园区内行驶，绝不能像在外面马路上开得那样快，司机要注意

观察行人。建议在园区的道路一侧张贴车辆限速及转弯减速等提示性标识。

园区转弯的地方，行人的视线范围有限，为帮助司机、行人注意视野盲区的车辆、行人，防止发生事故，园区可以安装道路反光镜（又叫凸面镜）。

安装人员要反复调节道路反光镜的位置和高度，直至能够在镜面内看清道路两边的车辆来往情况。丙烯树脂材质的道路反光镜，既便宜又映像清楚，性价比较高，应用得较多。

5. 园区装卸区域的停车位画线

装卸区域要规划出货车的停车位，以便货车能准确停靠。如果日常运营中涉及的货车车型较多，在规划车位时，应以大车的车型为参照。

6. 园区停车场画线

如果园区内设有停车场，就需要对停车场进行规划，对停车场的车位画线。此外还应规定最长停车时间限制、货车车长限制等。

7.3.2 库内标识布置

1. 库内人行通道画线

仓库内部既有叉车、地牛等搬运设备来回穿梭，也有仓库现场作业人员走动，从人员安全角度考虑，非常有必要在仓库内部规划人行通道（又称绿色通道），也就是所有的库内人员只能在人行通道上行走，并通过人行通道进入各自的工作区域。外部来访人员沿着人行通道行走也不容易迷路。

在设计人行通道时，设计人员一定要去仓库现场实地考察。可以提前打印一张仓库的布局图，然后进入仓库，边走边在图纸上标注。人行通道应沿着仓库四周设计，其整体宽度建议设为1米，两侧涂上黄色油漆（宽度均为10厘米），中间区域涂上绿色油漆（宽度为80厘米），可使人行通道更加醒目。

2. 规划搬运设备的流向标识

库内的搬运设备穿梭于存储区、拣货区、备货区，大型的仓储项目的设备使用量通常高达几十台。为了避免出现设备之间的碰撞，建议在设备的行驶通道上规划提示性的流向标识，主要呈现为箭头。

3. 备货区画线

不管是收货还是发货环节，均需用到备货区。备货区用于仓管员清点货物及跟司机交接。为了避免乱摆乱放，建议对备货区内靠近不同的作业门区域画线。

需要注意的是，不要只是简单地画出一个能摆放十几盘或者几十盘货物的大框，如此就跟没有画线一样。正确做法是大框内还要画出托盘的放置位置。

4. 规划排位标识

如果库房内安装了货架，那么，就需要在货架的每个通道两侧设置货架通道号，在立柱或者横梁上粘贴或者悬挂排位号。

如果库房内没有安装货架，则要考虑在地面上对提前设计好的排位进行画线，同时，高空悬挂或者在地面上粘贴 / 喷涂排位号。

5. 规划驾驶提示性标识

库内的消防卷帘门两侧（如有设备通行）及转弯处，要安装道路反光镜。在转弯处及涉及人车混行的区域的墙上粘贴减速鸣笛、限速每小时多少公里等标识。

6. 制作并张贴作业提示性看板

在库内制作并张贴各种作业提示性看板，比如产品存储布局图、消防逃生路线图、收货作业流程图、发货作业流程图、更换电瓶流程图、产品换箱流程图、产品报废流程图等。

其中，产品存储布局图和消防逃生路线图建议放在进入仓库的人行通道旁，让所有人员在进库时都能第一时间看到。另外，制作一些小的 A3 纸大小的消防逃生路线图，并将其粘贴到消防逃生门后面及库内人员聚集的区域。

其他提示性看板主要张贴或者悬挂在关键作业人员的操作区，比如更换电瓶流程图应张贴或悬挂在设备充电间。

7. 规划其他标识

库内的其他标识的规划包括对装卸作业门进行编号并粘贴标识、对库内的灭蚊灯及鼠胶存放区域编号并粘贴标识，对库内清洁卫生工具存放区画线并粘贴或者喷涂标识，对叉车、电动地牛、手动地牛等设备进行编号并在车身粘贴或者喷涂标识，对各种设备的停放区画线并粘贴或喷涂标识等。

第8章

▼

人员招聘、培训与后勤保障

　　组织结构设计好以后，项目团队就要基于人员计划开始招兵买马，组建未来仓储业务的运营管理团队。人员按时到位，经过系统化的培训且考试合格，是开仓的必要条件。

　　本章将从人员招聘讲起，讲解如何确定招聘需求、如何设定不同来源的比例、如何进行人员面试，再进一步介绍人员培训如何展开，包括制作培训教材、选择培训老师、制订岗位技能培训矩阵、制订培训计划、培训实施，以及人员到岗后如何做好后勤保障。

8

8.1 人员招聘

8.1.1 确定招聘需求

1. 岗位说明书

岗位说明书是指用书面的形式对组织中各类岗位的职责、任职要求、职位等级、职业发展路径等进行统一说明的文件，如图 8–1 所示。

岗位说明书

______部门______岗位

<table>
<tr><th>岗位职责</th><th colspan="3">任职要求、职位等级、职业发展路径</th></tr>
<tr><td rowspan="10"></td><td rowspan="8">任职要求</td><td>性别</td><td></td></tr>
<tr><td>年龄</td><td></td></tr>
<tr><td>学历 / 专业</td><td></td></tr>
<tr><td>行业经验</td><td></td></tr>
<tr><td>职务经验</td><td></td></tr>
<tr><td>项目经验</td><td></td></tr>
<tr><td>专业能力</td><td></td></tr>
<tr><td>管理能力</td><td></td></tr>
<tr><td>职位等级</td><td colspan="2"></td></tr>
<tr><td>职业发展路径</td><td colspan="2"></td></tr>
</table>

审核：　　　　批准：

图 8–1　岗位说明书模板

在编制岗位说明书时，编写人员要注重简单明了，使用浅显易懂的文字填写，内容越具体越好，避免形式化、书面化。笔者将从以下几个维度做些说明，大家可以结合自身的情况灵活调整。

岗位职责指的是一个岗位所需要完成的工作内容及应当承担的责任范围。在编写岗位职责时，编写人员应全面、详尽地写出岗位人员完成工作目标所要做的每一项工作，包括每项工作的综述、活动过程、工作联系和工作权限等。如果工作内容较多，建议先列出内容清单，然后按照不同的模块分类，最后基于一定的逻辑顺序进行罗列。岗位职责的相关描述一定要精炼，千万不要长篇大论，否则会让应聘者误以为工作量比较大，因此最多不要超过 10 条。

任职要求指的是从事该项岗位工作所必须具备的基本资格条件，包括性别、年龄、学历、专业、经验（行业、职务、项目）、能力（专业、管理）等方面，以此作为筛选人员的基础。如果进一步进行拆分，任职要求又可以分为必备资格和理想资格。其中，必备资格指的就是完成岗位工作的最低要求，理想资格是指在具备必备资格的基础上，企业希望但不强制要求应聘者具备的某些条件（常见的展示形式就是，具备某种能力／经历的优先考虑）。

职位等级指的是根据工作责任大小、工作复杂性与难度、任职者的能力水平划分的等级。职位等级通常划分为员工、主管、经理、总监、副总经理和总经理。有的企业为了更好地激励员工、增强员工主动提升技能的积极性，同时满足员工的职业发展需求，也会将同一个层级上的岗位，按照不同的维度，做进一步的细分。通常职位等级和薪酬福利是挂钩的。

每个岗位的员工都有立足于现有的岗位，在未来的工作中得到成长、发展和获得满足的强烈愿望和要求，为了让应聘者能清楚未来的职业发展路径，编写人员需要在岗位说明书中进行明确。仓储项目内部的职业发展路径主要分为两种，即横向发展和纵向发展。横向发展指的是向同一个层级上的其他岗位转换，纵向发展指的是向上晋升到更高的层级。

2. 人员需求数量

我们在第 4 章中测算过各岗位的人数，由此可知人员需求数量等于应配备人员数量（设计的）减去已经到岗的人员数量。

3. 人员到岗时间

大部分岗位的人员到岗时间都不是正常开仓收发货的时间，而是要按不同的需求提前到岗。

比如，大部分运作类岗位，如仓管员、叉车司机、拣货员，都需要接受 1~2 轮的作业流程培训，有的大型仓储项目为了确保开仓初期的运作质量，甚至会安排人员到其他在运营的仓储项目中进行实操培训，这类人员就需要更早地提前到岗。系统小组的人员因为需要开展系统功能测试、系统数据维护等工作，也要提前到岗。

如果同一个岗位的人员较多，企业可以考虑把人员提前到岗的时间分成几个批次，以减轻负责招聘和后勤保障的人员的压力。

8.1.2 设定不同招聘来源的比例

1. 内部招聘

内部招聘指的是在岗位出现人员空缺时，优先从企业内部选择合适的人来填补这个位置。内部招聘又分为提拔晋升、工作调换、工作轮换、人员重聘等。

内部招聘的优点包括对内部员工会产生激励作用，内部员工对企业有一定的了解，进入新岗位后适应性强，最重要的是稳定性强，可以降低离职率。

不过内部招聘也有不足的地方，如容易发生部门之间"挖人才"的现象，不利于部门之间的协作；会导致"近亲繁殖"情况，不利于企业的长期发展。

在新的仓储项目启动中，基层班组长和主管、经理都有可能会从现有的仓储项目中获得提拔、实现晋升，而一些基层操作岗位中也会有一定数量的人员被从现有的仓储项目中抽调。这些老员工对企业非常了解，有一定的工作经验，在新的仓储项目中上手会快一些。

另外，借着新仓储项目启动的机会，企业可以考虑对那些"不在位"的员工进行重聘，比如曾因病长期休假，康复以后原有的岗位已安排其他人员，没有其他合适岗位，而被企业安排继续休假的员工；过去在企业表现良好，但是因为个人原因离职的员工等。

2.外部招聘

外部招聘指的是通过在媒体或者招聘网站上发布招聘信息，从外部寻求合适的人选来填补岗位人员空缺的方式。外部招聘又分为社会招聘、校园招聘。

外部招聘的优点包括能为企业带来新鲜血液，人员来源广、选择余地大，降低内部招聘徇私舞弊的可能性。

当然，外部招聘也有不足，如招聘流程较长（尤其是社会招聘）；即使筛选出合适的候选人，也有可能因为其他企业的竞争失去人才；无法充分了解候选人的能力、性格等综合素质，对于他们在未来的工作岗位上能否达到企业的期望无法准确判断。

在新的仓储项目启动中，校园招聘和社会招聘都有可能被采用，企业需要从以下两点进行考虑。

第一，成本角度。校园招聘的成本相对比较低，企业可以考虑直接联系有对口专业的学校的就业部门，组织一次校园招聘或者直接参加学校定期组织的校园招聘会，不需要额外打广告做宣传推广。另外，大部分大专类院校，在学生大三的时候，都会留出来半年的时间，让学生外出实习。对于企业而言，学生在实习期的人工费用是比较低的。

第二，培养目的。在校生因为没有工作经验，属于"白纸一张"，比较有可塑性。有些社会招聘人员在工作中可能会受制于已有的工作经验，以及可能把过去不良的工作习惯带到新的工作中。社会招聘主要用于招聘那些在工作中比较成熟的人才，尤其是他们过去积累的经验应恰好在新的工作中用得上。

建议负责搭建运营管理团队组织结构的人员，为每个岗位按内部招聘、校园招聘和社会招聘 3 种不同的招聘来源设定相应的比例，这样既能兼顾未来开仓后运作的稳定性，也能平衡人工费用。

负责搭建运营管理团队组织结构的人员在从企业的其他仓储项目中进行人员抽调时，一定会遇到相关部门不放人的情况，大多数情况是员工个人的调动意愿强烈，而部门负责人不愿让其离开。

对于这种情况，负责搭建运营管理团队组织结构的人员可以跟相应部门的负责人沟通，商定一个过渡期，在过渡期内，该员工需要两头兼顾，同时，部门负责人应尽快将人员缺口补上。其实，参与新的仓储项目启动对于现有仓储业务的运作人员而言是一个非常好的晋升机会。因此，如果我们遇到这种机会，就一定要把握住。

8.1.3 人员面试

1. 面试类别

人员的面试是人力资源部门组织的。在面试的职责分工上，通常有两种形式，即共同面试和过关面试。

共同面试指的就是用人部门和人力资源部门共同面试，面试官可以轮流对应聘者进行提问，根据同一衡量标准进行打分，最后根据应聘者的平均得分考虑是否录用。共同面试的优点在于，两个部门的人员共同参与，相互配合，挖掘各自关注的内容，共同做录用决策。对应聘者来说，其无须跑两趟，一次就能搞定，面试体验感更好。

过关面试是指人力资源部门和用人部门采用不同的面试内容，应聘者通过前一轮的面试后方可进入下一轮。通常是人力资源部门进行第一轮面试，做初步的筛查，符合条件的应聘者由用人部门进行第二轮面试。对于应聘者未通过第二轮面试的情况，用人部门需要向人力资源部门反馈其原因。有的企业针对不同的岗位，会要求用人部门先面试，应聘者通过第一轮面试后，再让人力资源部门面试。对于基层操作岗位，面试两轮就足够了，针对主管和经理层面的面试最多不要超过3轮。

究竟哪一种面试类别是最好的呢？实际上并没有标准答案。我们需要结合实际情况灵活运用，当然有两个原则可参考。

第一，中小型仓储项目的组织结构精简且需要招聘的人数少，可以考虑采用共同面试。大型仓储项目涉及大批量的人员招聘，采用共同面试很容易造成内部资源的消耗和浪费。

第二，关于专业性和技术性要求较强的岗位，人力资源部门做了简历的筛查后，可以由用人部门进行第一轮面试，而对于基础岗位，人力资源部门可以先面试。

2. 面试内容

用人部门在面试应聘者时的关注点，跟人力资源部门的关注点有所不同。

人力资源部门主要关注硬件条件和用人风险。硬件条件包括性别、年龄、学历、专业、技能、工作年限等，其中，学历可以在学信网上查询；识别用人风险就属于人力资源部门的强项了，比如人力资源部门会让应聘者做专业的性格测试、查看其工作经历的连续性、了解其每次跳槽的原因及时间间隔（频繁跳槽的人稳定性差）、是否与原单位存在竞业限制、对企业和招聘岗位的意向等。

用人部门主要关注工作业绩和工作共识。用人部门需要通过工作业绩判断应聘者的工作能力和经验，是不是能够满足岗位的要求。用人部门主要围绕应聘者的工作经历（做过什么，包括行业经历、管理经历和项目经历）、职业发展中取得的成绩（做成过什么）、遇到的问题及如何解决的、职业发展规划等与应聘者展开交流。对于工作共识，用人部门可向应聘者抛出一些仓储业务运营过程中的常见问题，听听他解决问题的思路，是否能跟自己的期望匹配从而达成共识。用人部门在考察应聘者时，要注意其是否满足团队成员的互补性要求。

3. 面试形式

现阶段的面试形式主要有两种：现场面试和网络面试。

现场面试是最常用的面试形式之一。对于应聘者而言，现场面试可以方便其近距离观察招聘企业的发展情况、办公环境等，对招聘企业有比较真实的了解。另外，应聘者可以在现场通过自己的强大气场，展示自身饱满的精神面貌。对于招聘者而言，现场面试时其可以通过交流来初步判断应聘者的专业知识、沟通交流能力等，并通过一系列的表情动作、肢体语言等，来判断应聘者的状态，避免招聘一些只会纸上谈兵的，不能经受住压力和考验的应聘者。

网络面试在时间上更灵活，双方约定好时间（不局限于工作日和上班时间，下班后或者周末都可以），随时就可以开始，而且不需要像现场面试那样做太多的准备工作。在空间上，网络面试使应聘者减少了路途上花费的时间和所需要的交通费，降低了应聘者的面试成本，提高了面试效率。

对于双方而言，网络面试更加便利，也节约了时间和成本。不过，对于招聘企业而言，仅与应聘者通过网络进行交流，很难保证能找到符合要求的人员。

建议企业针对不同的场景，选择不同的面试形式。进行校园招聘时，企业最好安排人员直接到学校开展现场面试；进行社会招聘时，企业则可以考虑采用网络面试和现场面试相结合的形式，比如第一轮进行网络面试，第二轮采用现场面试。

8.2　人员培训

8.2.1　制作培训教材

在仓储项目正式运作之前，项目运营团队的成员都要接受针对性的培训。

1. 内容分类

培训内容主要划分为 3 类：企业介绍、管理制度和作业流程。

企业介绍。新到岗的员工必须了解企业及其正在启动的仓储项目的情况。

管理制度。培训老师应强调业务运作的规范性，告诉新员工应该做什么，不应该做什么，能做什么，不能做什么，做错事有什么后果……在新员工培训中，管理制度又分为企业层面和项目层面的管理制度。

作业流程。这主要是指培训老师针对某个业务操作的过程进行描述，强调逻辑性，描述先做什么，后做什么，输入什么，输出什么，如何转化等。

2. 制作教材

企业介绍和管理制度的培训教材的大部分内容都是从企业层面出发制作的，且对新员工基本上是通用的，只需要在此基础上增加对目前在启动中的仓储项目的介绍及项目团队内部的管理制度。这个部分的工作量相对较小，培训老师应该把大量的精力放到制作作业流程的培训教材上面。

作业流程的培训教材的制作依托于前期已经设计出来的作业流程。不过，假如培训老师只是将文字版的作业流程念给学员听，效果肯定很有限，而且容易让学员犯困。因此，在制作作业流程的培训教材时，培训老师一定要从提升学员的学习效果的角度出发，能用视频说明的就用视频，能够用图片展示的就用图片，能用表格表示的就用表格，尽量减少纯文字内容。

具体操作时，培训老师可以从文字版的作业流程中提炼出关键的内容，然后制作成 PPT。另外，也可以通过其他途径找一些与培训内容相关的视频或者图片作为辅助资料。

3. 其他事项

除了理论培训之外，部分岗位还涉及实操培训，比如叉车司机除了需要掌握收货上架、备货下架、补货、库内移动等操作流程之外，还要熟练掌握叉车的驾驶技能。

虽然应聘的叉车司机通常都持有特种设备操作证，具备驾驶叉车的资格，但是由于叉车型号不同，其驾驶方式和习惯也不尽相同，新招的叉车司机仍然需要经历一个从熟悉到熟练的过程。

实操部分的培训教材不必像理论培训教材那样多元化和可视化，主要用于辅助培训老师讲解，实用即可。

所有的人员在考核合格后，方可上岗，那么，培训老师在编写培训教材后，需要同步制订考核方案，比如准备笔试用的试卷、确定口试时需要提的问题、实操考核前进行现场的准备及明确考核细节，同时确定达标的标准，比如达到多少分就算考核合格。

8.2.2 选择培训老师

企业介绍和管理制度的大部分内容都是属于企业层面的，对应的培训老师相对固定，这里更多地分享作业流程方面的培训老师该如何挑选。

1. 为什么选

培训负责人一定要明确每一个培训课程要解决的问题，也就是清楚培训的目标。培训目标是可以衡量的、有标准的、可以量化的，只有达到这3点，培训才能取得最佳的效果。如果在目标不明确的情况下贸然选择培训老师，企业虽花费了大量的时间，但未必能获益。

2. 选什么样的

什么样的人适合做培训老师，实际上只要培训负责人搞清楚培训老师的筛选标准即可。

第一，工作任务匹配。也就是说，培训老师有没有做过相应的工作。比如，可以进行收货作业流程培训的人，要么是在各类基础业务方面都有一定经验的基层优秀员工，要么是至少位于基层操作岗位上一个层级的人员，比如仓库主管或者仓库经理。

第二，工作场景匹配。这是指培训老师以前有没有在跟目前新启动的仓储项目的业务操作模式类似的场景中工作过。仓储活动在整个供应链上的多个节点中都会存在，比如生产前端的 VMI 仓库、厂内的原材料和包材仓库、配套成品仓库、分销中心仓库、配送中心仓库等。不同节点的仓储业务的工作关注点会有所区别，中小型仓储项目和大型仓储项目的人员分工和业务操作难度也会有所区别，不同行业的仓储业务在存储方式和作业方式上也会有所区别。

第三，工作时点匹配。这是指培训老师什么时候做过相应工作。10 年前做过、5 年前做过和 1 年前做过的培训老师的工作经验跟新启动的仓储项目的匹配度均不相同，工作时点更接近，当前的仓储项目的启动时间更好。因为在不同的时期，无论是仓储需求，还是物流技术都不一样，对人的要求也会有所不同，更匹配的经验有更大的价值。

3. 如何选

有了培训老师的筛选标准，培训负责人应该如何执行呢？一看二听三选择。

看，就是培训负责人在企业内部发出通知，邀请符合要求的人员踊跃报名，包括正在启动中的仓储项目招聘到的新人。报名时，报名者需要提交一份个人简历。结合工作任务匹配、工作场景匹配和工作时点匹配 3 个方面，把个人简历过一遍，找到与培训课程相匹配的人员。

听，就是培训负责人一定要听一听第一轮通过简历筛选的人员的课程试讲，物流行业有很多实干家的工作经验很丰富，也能够把经验转化成文字，但是让他们把知识讲出来时，他们就犯难了。有的人虽然敢讲，但是讲出来的东西晦涩难懂，培训效果也很一般。

选择，通过一听二看，培训负责人就能基本上筛选出来符合要求的培训老师了。通常情况下，培训老师也是教材的制作者，如果其同时也是对应的作业流程的编写者就更好了。

8.2.3 制定岗位技能培训矩阵

为了能够顺利开仓，培训负责人需要对未来仓储运营团队组织结构中的每一个岗位，结合每个不同的培训课程，确定每个岗位上的人员需要对培训内容掌握到什么程度。岗位技能培训矩阵要做到培训内容全覆盖，组织结构上的人员全覆盖，绝不能"眉毛胡子一把抓"，所有人员的培训内容都是一样的，而是要有所侧重。

这里的掌握程度建议分为 3 类：不需要掌握，也不需要了解；具备足够的技能知识和实践经验，能够独立完成工作；具备足够的经验，能够培训他人。比如，对于作业流程的培训内容，清洁工、保安等就不需要掌握，也不需要了解，而仓库主管和仓库经理则要对部分或者全部流程的内容掌握到能够培训他人的程度。

为了便于管理，在制作岗位技能培训矩阵时，培训负责人可以把3类掌握程度使用不同的符号表示，这样整个岗位技能培训矩阵看上去就更加简单明了。

8.2.4 制订培训计划

培训计划涵盖课程名称、培训对象、培训老师、预计课时、考核方式、培训时间6个方面的内容，如表8-1所示。

表 8-1 培训计划

培训分类	序号	课程名称	培训对象	培训老师	预计课时/分钟	考核方式	培训时间
公司介绍	01						
管理制度	01						
	02						
	03						
作业流程	01						
	02						
	03						
	04						
	05						

（1）课程名称。

课程名称主要是将前面提到的3类培训内容下的具体课程名称罗列出来，比如企业介绍包括对企业和仓储项目的介绍，管理制度包括行政管理制度、人事制度、安全制度、仓储项目管理制度，作业流程包括收货流程、发货流程、退货流程、盘点流程、产品换箱流程、产品报废流程等。

（2）培训对象。

培训对象指的是需要参加培训课程的人员，主要为对培训内容的掌握程度要求为"具备足够的技能知识和实践经验，能够独立完成工作"的人员。

（3）培训老师。

每一门课程都需要有指定的培训老师，筛选方法在前面已经提到过。每门课程至少需要有一个培训老师，当然，一个工作经验比较丰富且培训能力强的培训老师，可以承担多门课程的培训任务。

（4）预计课时。

预计课时指的是每门课程所需要花费的时间，通常以分钟为单位。在计算课时时，如果培训课程涉及课堂上对学员的考核，也要把考核所需要的时间考虑进来。

（5）考核方式。

考核方式主要分为 3 类，笔试、口试和实操。笔试就是给大家发试卷，让大家在规定的时间内完成，培训老师参考标准答案进行打分。口试就是培训老师提问，学员回答，然后培训老师根据学员回答的情况打分。实操就是学员在现场进行操作，培训老师对学员操作的顺序、完整度、标准程度等进行考核、打分。考核合格的，就可以顺利上岗；考核不合格的，需要补足差距，直至考核合格，如果连续几次都不合格，培训老师就要跟人力资源部门沟通是否需要劝退该学员。

（6）培训时间。

培训时间指的是学员参加课程的具体时间，这个时间需要细化到具体某一天，以及当天的某个时间段。每轮培训应尽量集中在某一个时间段内完成，持续几天或者十几天，时间跨度不要太大。

因为有的培训老师并非全职加入新的仓储项目，他们同时还要负责其原有岗位的工作，所以，培训负责人在确定培训时间时，需要与培训老师提前沟通，选择其方便的时间段。

在制订培训计划时，课程名称、培训对象、培训老师、预计课时、考核方式都可以提前设计出来且保持相对固定。不过，在每次开展培训时，培训负责人要根据实际情况灵活安排培训时间。

8.2.5 培训实施

培训实施应贯穿培训前、培训中和培训后所有环节，如图 8-2 所示。

图 8-2　培训实施

1. 培训前

培训通知。培训计划确定下来以后，培训负责人要将培训计划以书面形式通知培训老师和参加培训的学员。对于培训老师，因为其日常事务较多，培训负责人最好再打个电话确认一下。参加培训的学员人数如果较多，培训负责人可以将通知发送给各个小组的组长或者主管，也可以把培训计划打印出来张贴到项目区域的公告栏内。

资料准备。培训负责人需要准备相应的资料，比如培训老师的课件、辅助的教材、学员的课件（如有，尽量提供打印版的）、考试试卷（笔试的话需要提前打印）、培训签到表（提前打印）、培训效果调查问卷（电子版的即可）等。

场地布置。培训负责人需要提前预约培训教室，并在每天培训开始之前，提前到场对培训场地进行布置，比如调试投影仪，确保站在最远处也能清晰看见投影画面，检查 PPT 中的视频在连接投影仪以后是否能正常播放（尤其是声音），桌椅根据培训老师的需求灵活排列，准备饮用水、白板及白板笔、板擦、培训用的话筒或者扩音器，检查话筒和投影用的激光笔的电量是否充足及准备备用电池等。

后勤保障。培训期间，人员会比平时多一些，培训负责人要提前与负责后勤的同事沟通好当天用工作餐的人数；如果企业提供班车，培训负责人还要提前将参训人员中需要乘坐班车的人数通知给班车的管理人员；如果涉及仓库现场培训，培训负责人则需要提前准备劳动防护用品。

2. 培训中

课程表达。培训老师讲解课程主要有语言表达和非语言表达两种形式。培训老师进行语言表达时，需要做到声音洪亮、吐字清晰，避免使用过多口头禅；语调要抑扬顿挫，声情并茂；语气要坚定自信，有激情；语速不要太快，应适度停顿，给学员思考的时间。培训老师进行非语言表达时则要做到眼神流露自信，给学员自己被关注的感觉，照顾全场；手势得当，避免单手或者双手插到裤子口袋里，或者双手放在背后交叉握着；适度地移动，千万不要一直坐着或者站着，不操作计算机时可以跟学员近距离交流。

氛围营造。上午第一场和下午第一场培训开始前，培训老师可以带领学员做一些热身活动（让学员打起精神）。为了提升培训的效果，培训老师可以将学员分组，在培训过程中提出一些问题，让学员分组进行讨论、展示并对各组打分，培训结束后对得分最高的小组进行奖励。

时间把控。培训老师要把握并控制好整个课程的时间，尽量不要超时。提前规划每个部分所需要花费的时间，包括热身时间、授课时间、讨论时间、小组汇报时间、对分享内容的点评时间、考核时间等。

留存痕迹。执行培训计划时，培训老师和学员要在培训签到表上签字，以便清楚有哪些人员应参加但实际未参加，在培训中拍照或者录像，对学员的考核情况进行记录，邀请学员应填写培训效果调查问卷等。

3. 培训后

培训复盘。每次培训结束后，培训负责人要对此次培训的整个过程进行复盘，以便在后期的培训中能更好地改进。复盘时，培训负责人应重点关注学员的反馈，包括哪些培训老师负责的课程，学员的打分较高；分析学员打分高是因为教材的内容好还是培训老师的授课形式好，对于可以复制推广的，培训负责人可以将经验提炼并分享给其他的培训老师；对那些学员打分偏低的课程，要结合学员的意见以及自己的分析，与负责此课程的培训老师探讨，对课程进行优化。记住，没有完美的课程，只有通过迭代而不断完善的课程。

记录存档。培训负责人要整理培训期间的所有记录并存档，包括每个课程的课件、培训签到表、培训现场照片或视频、考核记录等。电子版记录要存放到专门的文件夹中，纸质记录要在装订后进行编号存档。

8.3　人员后勤保障

对于到岗的人员，项目团队中负责后勤保障的人员要规划好其吃、穿、住、用、行。人员后勤保障主要分为两个时间段：开仓收货前和开仓收货后。开仓收货前的时间有限，最多一两个月，相应的人员，后勤保障措施可以是临时的。不过，开仓收发货以后，项目就进行一个需要长期运营管理的阶段，人员后勤保障必须有一个长远的规划。接下来我们将重点探讨在吃、穿、住、用、行5个方面如何做长远规划。

8.3.1　用餐

1. 自办厨房

自办厨房就是企业自己寻找做饭的场地、招聘厨师、采购食材等，为员工提供工作餐。自办厨房一个非常关键的因素是仓库具备场地优势，就是企业租赁或者自建的仓库自带厨房和餐厅。需要提醒的是，企业自办厨房一定要到政府的相关部门办理卫生许可证，否则就属于违法行为，一旦将来出现卫生事件，企业会受到更严厉的处罚。

自办厨房的优点包括拥有经营上的主动权，可以根据员工用餐的需求对饭菜的菜品品类、质量等进行灵活调整；食品的卫生安全可以得到保障；对于 24 小时作业的仓库，员工在晚上 12：00 左右也能吃上热乎的饭菜。

想保持较高的员工满意度，企业就要对食堂的管理人员提出更高的要求，比如确保食材的安全性，防止以次充好，进行食材的成本控制，防止采购人员铺张浪费，防止厨师用料浪费；增强食堂人员的责任感和服务意识；提升厨师的烹饪技术、膳食搭配技术，避免菜品单一、更新慢。

2. 外部采购

随着分工的专业化，大部分城市都有很多专业的配餐供应商。企业可以将用餐需求确定下来，然后通过招标的形式选择符合条件的配餐供应商。外部采购分为两种情况：食堂外包和配餐外包。其中，食堂外包就是企业提供做饭的场所，中标的配餐供应商带领团队人员直接入驻，现做现卖；配餐外包就是企业不提供做饭的场所，由中标的配餐供应商每天定时将工作餐从其厨房配送给项目团队。

外部采购有许多优点。比如，企业能将相关费用控制在预算范围内（专业的供应商通常服务于多家企业，食材批量采购的成本更低），而且配餐供应商如果能提供增值税专用发票，企业还可以进行税额抵扣，进一步降低成本；能降低管理风险，食堂工作人员因为操作失误造成人员伤害事件，因为管理不善造成食物中毒事件等的风险都全部转嫁给了配餐供应商；还能让菜肴风味多样化，配餐供应商通常会有专门的食品研发部门研发菜品，定期推出新菜。

外部采购模式下，在双方合作初期，员工满意度会比较高。在中后期，有的送餐供应商为了提高利润率，其提供的饭菜质量会有所下降，菜品类也会相应减少。因此，对于食堂的管理人员而言，虽然企业将工作餐外包了，但这并不意味着其可以当甩手掌柜。食堂的管理人员要做好过程管理，定期让员工填写调查问卷，定期观察工作餐回收处（观察员工倒掉的是哪些饭菜），然后根据员工的反馈及时将意见反馈给配餐供应商，推动工作餐质量的改进。

8.3.2 劳动防护

为了保持项目团队成员着装形象统一，同时，考虑到仓库现场环境的特殊性，以及为了做好人员安全管理，企业要为新员工发放劳动防护用品。企业如果有统一的标准，参考该标准即可，如果没有，可以关注以下几点。

工作服，包括夏装（裤子和短袖）、春秋装（裤子和外套）、冬装（棉服），每套服装最好每人配置两套。服装上建议添加企业的Logo及反光条。棉服建议做成可以拆卸的两件套，衣服上不建议设计太多的口袋，左侧的袖子上可以设计一些插笔袋。

安全帽。是否配备安全帽取决于仓库现场货物的存储方式，如果是高位货架存储，那么需要对货架进行操作的作业人员一定要佩戴安全帽，防止被货架上存储不当的货物砸伤。为了便于管理，安全帽上最好也印有企业的Logo。

防砸鞋，其作用是保护脚底和脚趾。鞋底厚实可确保尖锐物不至于刺穿鞋底刺伤脚底。鞋面的鞋身前部应内置一个钢片，防止重物掉落砸伤脚趾（务必重视）。目前市场上的防砸鞋有浅腰的，也有深腰的；有夏天穿的类似凉鞋的款式，也有冬天穿的加厚款式（鞋里有绒），也有春秋款式；有的甚至做成鞋套，可以直接套在员工穿的鞋子外面。具体选择什么款式，企业要根据预算及存储货物的特点综合考虑。

其他劳动防护用品包括反光背心、护目镜等。企业如果不提供工作服，则可以考虑让所有的内部员工穿统一的反光背心以作为区分（建议反光背心上也添加企业Logo）；如果企业提供工作服且工服上带有反光条，那内部员工就没有必要再穿反光背心了。仓储项目的外部来访人员也要穿反光背心进库。反光背心能将远方直射过来的光线反射回发光处，提醒库内的叉车司机注意避让行人。护目镜的作用在于保护眼睛免受伤害，是否使用取决于库内存储货物的特点。

8.3.3 住宿

仓库通常位于城市的郊区或者工业园，远离居民区，员工住宿不方便，因此企业应适当考虑员工的住宿问题。计划提供住宿的企业通常会考虑以下两种方式，即自建宿舍或者外部租赁。

1. 自建宿舍

通常在建设仓库时，企业就在周边建了配套的宿舍楼，这样对于员工而言就会非常方便。如果宿舍楼的房间有限，企业可以考虑采购上下铺床（空间利用率大），根据房间的大小安排床位。企业如果自建宿舍，就要加强后期的宿舍管理，因为宿舍中一旦发生安全事件，企业是要承担责任的。宿舍管理的内容包括宿舍门禁管理（避免丢东西）、用电管理（避免使用大功率电器造成短路，引发火灾）、安排专职清洁工做公共区域的卫生、定期到宿舍检查（安全、清洁等）等。

2. 外部租赁

企业如果没有现成的宿舍楼，则可以考虑采取外部租赁的形式。在现阶段的住宿租赁市场，主要有民房和公寓两种住房。公寓通常是各地政府部门为人才投资建设的配套用房，每月的租金相对较低，类似于大学的宿舍。民房就是个人所有的房子，租金相对较高，但房间内的配套设施相对齐全。

不管是从哪个渠道租赁，都不建议企业直接跟出租方签租赁合同，原因是企业一旦作为租赁方签了合同，未来就要花费大量精力做宿舍管理，毕竟，一旦出了问题，企业就要承担主要责任。较好的方式是，让员工以个人名义进行租赁，然后企业给员工发放租房补贴。

8.3.4 办公用品

1. 办公用品清单

常用的办公用品除了装修期间就会提前配备的办公桌椅、沙发之外，还包括以下几方面的内容。

一次性采购的用品。这主要指的是使用周期比较长的物品，比如办公用的计算机（台式机、笔记本电脑或者一体机）、打印机（激光打印机、针式打印机）、碎纸机、考勤机、装订机、投影仪、饮水机、文件柜、白板等。

重复性采购的用品。这主要指的是日常的办公消耗用品，比如中性笔、笔芯、记号笔、铅笔等；文件夹、档案袋、资料袋等；笔记本、便签等；打印纸、墨盒、色带等；订书器、订书钉、胶带、曲别针、胶棒、计算器等；

2. 采购方式

对于办公用品的采购，企业如果执行的是统一的集中采购，则可以将项目团队的需求提交给行政部门，由行政部门进行集中采购。通常集中采购因为汇总了多个部门和项目团队的需求，单次的采购批量较大，相对而言，价格会低一些，而且品质更有保障，但是采购周期偏长。项目团队自行采购的话，采购周期较短，比较灵活，但是议价能力差。

着急使用的小件办公用品的项目团队，可以考虑自行采购；对于单价高及需要重复使用的物品，则由企业行政部门集中采购。

8.3.5 出行

企业如果计划为员工的出行提供班车，可以考虑直接与班车租赁公司合作，没必要自己购买中巴车或者大巴车。无论是在前期的资金投入方面还是在后期管理方面，自购都不如外包合适。

如果企业自购车辆，虽然把时间拉长以后，每月的固定资产折旧费用较低，但是由于只有每天的上下班期间才会使用班车，这就造成了司机和班车每天有大量的时间闲置。另外，从风险角度考虑，企业自购班车载员工上下班，一旦出现安全事故，企业要承担的责任重大。

当然，企业也可以不提供班车，而是给员工发放交通补贴，让员工自行解决上下班的出行问题。

第 9 章

▼

系统开发、测试与维护

WMS 几乎已成为现阶段大部分仓储业务管理的标配，是仓储业务管理的重要组成部分。WMS 的使用提高了仓库的运作效率、降低了作业人员的差错率和管理难度，同时，仓储物流成本也实现了一定程度的节约。

本章将从 WMS 的使用需求谈起，帮助读者建立对 WMS 的基础认知，了解合格的 WMS 应该具备哪些基本功能，再进一步讲解系统测试中需要注意哪些事项、开仓前应提前维护哪些基础数据，以及开仓运作后的每个阶段系统文员的关注点。

9

9.1 确定 WMS 的使用需求

9.1.1 基本功能

WMS 的基本功能主要围绕仓库的运作管理需要来设计，分为多个模块，每个模块下面又进一步分为不同的项目，具体如图 9-1 所示。

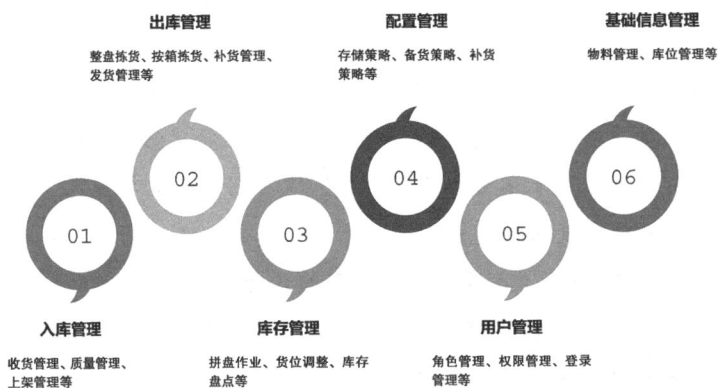

出库管理
整盘拣货、按箱拣货、补货管理、发货管理等

配置管理
存储策略、备货策略、补货策略等

基础信息管理
物料管理、库位管理等

入库管理
收货管理、质量管理、上架管理等

库存管理
拼盘作业、货位调整、库存盘点等

用户管理
角色管理、权限管理、登录管理等

图 9-1　WMS 的基本功能

1. 入库管理

收货管理。首先是在车辆入库之前，系统人员在系统中创建或者下载到货通知（前提是与发货方使用的系统已经做了对接），到货通知中会显示不同的交货号下每个产品对应的到货数量，这个数量对于收货仓库而言，指的就是应收数量。仓管员选择"收货"，输入交货号，在收货时，在每盘货物的右上角贴上一个空白条形码（指的是条形码在系统中没有被编辑过任何信息），然后扫描条形码，将实物信息录入系统并跟条形码关联。当 WMS 中的实际收货数量跟到货通知中的应收数量出现差异时，尤其是出现多收的情况时，系统会自动给出提示。

质量管理。货物的质量状态分为 3 类：待检状态、放行状态和扣货状态。为了更好地管理货物的质量状态，WMS 会细化到批次这个层面。也就是说，同代码同批次产品的质量状态是一样的。不过，在收货时，难免会存在外包装破损或者箱内破损的产品，如果此部分产品不允许司机带走，必须留在仓库的话，系统人员则要对这部分产品进行收货。那么，WMS 要能够支持将货损产品的收货及质量状态变更为扣货状态，这样既保证了同代码同批次产品质量状态的一致性，对于其中存在的货损产品也能单独管理。

上架管理。叉车司机使用车载的终端设备扫描收货暂存区内每盘货物的条形码，WMS 根据后台设定的逻辑自动给出目标排位。叉车司机驾驶叉车将货物运送至目标排位后，扫描排位的条形码。WMS 自动核对此盘货物与排位关联的正确性，如相符则视作完成此盘货物的上架作业，如不相符，则发出声音警示和错误状态提示，以便叉车司机核对后重新将此盘货物上架到正确的排位。此车所有的货物上架完成后，WMS 提示上架任务完成。

2. 出库管理

整盘拣货。叉车司机选择"整盘拣货"，输入交货号和备货区，系统自动提示取货的排位（排位属性为整盘存储区）。叉车司机驾驶叉车至目标排位，将货物从排位上取出来，扫描托盘右上角的条形码，然后驾驶叉车将其转移至指定的备货区，扫描备货区的条形码进行位置确认，直至该交货号下所有的货物都备货完成。

按箱拣货。拣货员选择"按箱拣货"，输入交货号，然后扫描空白条形码，系统自动提示拣货的排位。拣货员驾驶电动地牛取一个空托盘，至系统提示的第一个排位，按照系统提示拣取相应数量的货物，码放到托盘上，并对排位上剩余的货物数量进行盘点，反馈给 WMS，如果剩余货物数量与 WMS 中记录的一致，WMS 会提示第二个拣货排位。当空托盘上的货物放满时，拣货员在系统中选择"暂时结束拣货"，然后将货物转移至备货区，扫描备货区的条形码确认位置。拣货员输入上一个交货号，继续按照系统的提示进行按箱拣货，直至按箱拣货完成。

　　补货管理。叉车司机选择"补货"，根据系统的提示驾驶叉车至目标排位取货（排位属性为非整盘存储区）。叉车司机将货物从排位上取出来，扫描托盘右上角的条形码，然后驾驶叉车将货物转移至系统指定的补货排位，扫描补货排位的条形码进行位置确认。如果补货排位上还有一部分库存，则叉车司机需要下车，将补货的货物码放到该补货排位的现有托盘上。

　　发货管理。仓管员扫描备货区中托盘右上角的条形码，结合系统提示的信息对实物进行核对。仓管员选择"发货"，输入交货号，系统会自动提示目前的备货完成情况，如果备货没有完成，则提醒相关人员加快进度。备货完成后，仓管员跟司机进行交接清点，无误后，通知装卸工装车。仓管员扫描发货门的条形码，然后扫描托盘右上角的条形码进行系统发货，装卸工使用手动地牛将托盘拉到车厢内装车，直至该交货号下的货物全部装完。仓管员继续操作下一个交货号的货物装车，直至该提货车辆所提货物全部装完。

3. 库存管理

　　拼盘作业。库存中会存在同代码同批次的产品出现多个非整盘的情况（常见于分销中心仓库），为了提升排位和托盘的利用率，就要对非整盘的货物进行拼盘作业。

　　拼盘作业通常是系统人员先筛选出来每天需要拼盘的货物明细，然后由叉车司机完成拼盘任务。第一步，叉车司机将需要拼盘的货物全部从目标排位下架，转移至就近的备货区，系统人员需要在系统中做同步的操作。第二步，叉车司机在系统中选择"按箱转移"，扫描需要转出的那盘货物的条形码，核实实物信息是否与系统中的信息一致，然后输入需要转出的数量，再扫描需要转入的那盘货物的条形码，拼盘作业就完成了。如果同代码同批次下有多个非整盘货物，在拼盘时要先凑够一个整盘，然后接着拼下一个整盘，直至拼盘完成。第三步，叉车司机将拼好的货物从备货区上架到系统提示的目标排位上。

　　货位调整。库存中会存在不同容量的排位，为了提高排位的满载率，就要将那些设计容量大但实际存放货物少的排位上的货物转移到设计容量小的排位上去，将大容量排位的存储能力释放出来。

货位调整任务的下达跟拼盘作业相似，也是由系统人员筛选出每天需要转移库位的货物明细，然后交给叉车司机完成货位转移的任务。跟拼盘作业不同的是，叉车司机不必将货物全部下架到备货区，而是直接将带盘货物从一个排位转移到另一个排位。叉车司机在 WMS 中选择"按盘转移"，输入拟存放的目标排位（系统人员提供），然后扫描需要取货的排位上货物的条形码，核实实物信息是否与系统信息一致，驾驶叉车将货物转移至目标排位以后，确认放货排位，让货物的条形码信息与目标排位的条形码信息关联，货位转移完成。

库存盘点。想要确保库存的准确性，除了在日常的收发货管理中进行复核管控之外，安排人员对排位上的货物进行日常盘点也必不可少，盘点的范围包括按盘存储区域及按箱存储区域。

在终端设备上选择"按箱盘点"，扫描散货排位的条形码，系统会自动显示出来此排位上存放的产品的代码、品名描述、批次。通常是只有一个代码和一个或者多个批次。盘点人员将清点出来的每个批次对应的数量，分别输入系统进行确认，如果系统提示盘点成功则继续进行下一个散货排位的盘点，如果提示有差异，则要重新对排位上的货物进行盘点。

在终端设备上选择"按盘盘点"，扫描整盘/非整盘排位的条形码，系统会自动显示来此排位上存放的产品的代码、品名描述，盘点人员将清点出来的盘数输入系统进行确认。如果系统提示盘点成功则继续进行下一个排位的盘点，如果提示有差异，则要重新进行盘点。

4. 配置管理

存储策略。基于同品类相对集中存放的原则，WMS 要将库内的存储货位划分成几个区域，在叉车司机上架时，使其将不同品类的货物分区存放，同品类的货物存放在同一个区域的不同排位上。同一个排位上只能存放同一个代码的货物，尽量不要混代码存储。除了散货拣货排位可以存放多个批次的货物之外，其他的具有存储功能的排位尽量只存储同代码同批次的货物（若要存储多个批次的货物，还要保证先进先出，这在上下架时会非常影响效率）。我们可以按存储区域的排位属性将存储区域分为两大类，即整盘存储区域、非整盘存储区域。

备货策略。WMS将每个发货订单拆分成整盘备货和按箱备货，整盘备货由叉车司机完成，按箱备货由拣货员完成。系统根据拣货任务，自动规划出一条最优的路径。对于同一个客户存在多个订单的情况，如果客户没有特殊的要求，系统可以将多个订单组合成一个波次，再安排备货任务。为了避免生产日期早的货物在仓库内被放过期，WMS需要确保先进来的货物先发出去，即先失效先放行。这主要是针对货物生产日期的管理，如果生产日期体现在了批次上且系统可以识别出来，仓库就对批次进行管理。

补货策略。对散货排位（按箱拣货）设置安全库存，当库存数量低于安全值时，自动触发WMS生成该排位的补货请求。在补货时，系统优先提醒叉车司机取该代码的非整盘存储区域的货物；根据实际的补货需要，叉车班长或者主管人员可以调整众多补货请求的优先级。

5. 用户管理

角色管理。仓储运营管理团队的组织结构，从上到下、从左到右，涉及许多不同的岗位，那么，系统开发人员在设计WMS时，应该基于实际作业中的岗位，将所有登录系统的用户设置成不同的角色。

权限管理。不同的角色在组织结构上的层级不同。比如，仓管员处于基层操作层级，其工作重心全部在操作方面；仓库主管处于基层管理层级，除了日常操作之外，其工作重心稍微往管理方面倾斜；仓库经理属于中层管理层级，其工作重心大部分都放在了管理方面。另外，不同的角色在执行流程中的操作内容也不同，比如仓管员负责收货和发货，叉车司机负责货物的上架、下架和补货，拣货员负责散箱货物的拣货等。那么，在设计WMS时，系统开发人员应针对不同的角色，对其使用WMS的操作权限加以区分，确保每个角色只能做其权限范围内的事情。

登录管理。每个岗位都涉及不同的人员，为便于追溯，系统小组应尽量保证每个使用 WMS 的人员都有独立的用户名和密码。系统小组中负责新注册用户审核的人员，要基于不同的岗位，在系统后台给其分配不同的角色和权限。

6. 基础信息管理

物料管理。对于仓库中的货物，企业要设计货物信息的模板，相应的货物信息包括物料代码、品名、规格（长、宽、高、重量、体积、箱内瓶数 / 支数 / 包数）、生产工厂代码、整盘货物的堆码标准、批次、数量、质量状态等。货物的基础信息中，有些是固定不变的，一次输入即可永久保存，有些则是变化的，比如批次、数量、质量状态。

库位管理。对于仓库中的库位，企业要设计库位信息的模板，相应的库位信息包括库位的最大放货高度、可放货的盘数、排位属性（整盘存储排位、非整盘存储排位还是散箱拣货排位）、可存储的货物品类、库位是否可以正常使用等。库位信息的维护通常都是系统小组的人员结合库位的实际情况提前做的设定。

9.1.2 定制报表

1. 报表作用

WMS 对货物的入库、存储、出库 3 个环节进行全链条管理，收集了物流运作各个环节翔实的基础数据。系统开发人员基于这些基础数据，结合运营管理人员的需要，可定制开发各种不同功能的报表，实现仓库管理信息的透明化。管理者通过报表可以对仓库了如指掌，在决策时也能有更多的参考依据。

2. 报表设计

数据收集。每个用户在系统中的操作都会留下痕迹，随着数据的积累，系统内存储的数据会越来越多，也就有了做各种数据分析的基础。

数据分析。结合运营管理人员的需求，系统开发人员设计不同的检索字段，然后将这些字段用一些公式或者算法跟后台的相关数据进行关联。

数据展示。报表的使用者在系统中设定了一些筛选条件后，系统能自动生成相关的报表，每个类型的报表的格式是统一的、标准化的。报表的展示形式在报表设计阶段就做了提前的规划，可以是纯粹的表格，也可以是图表。

3. 报表分类

报表是基于需求而定制化开发的，系统能提供哪些报表主要取决于管理者的需求，基本上只要系统内有数据，系统开发人员就能开发出相应的报表。常见的报表包括收货报表、发货报表、排位占有率报表、排位利用率报表、人员绩效报表。下面以后面 3 个报表为例进行简单介绍。

排位占有率报表主要反映的是仓库内所有排位的占用情况。某个排位只要被占用了，该排位的占有率就是 100%，比如设计的排位为 10000 个，被占用的排位为 9000 个，排位占有率就为 90%。该报表主要用于观察排位的占用情况，以便管理者对爆仓提前做出预测和规划。

排位利用率报表主要反映的是仓库内每个排位的利用情况。前面说过，排位是有容量的，比如有的排位最多存储 5 盘货物，实际只存储了 2 盘货物，排位利用率就为 40%，利用率较低。根据该报表，对于利用率不高的排位，管理者要每天组织叉车司机进行排位移动，将利用率较低的排位的存储能力释放出来。

人员绩效报表主要反映的是，每个作业人员在具体的某个时间段内完成的作业量。该报表主要用来为那些进行量化考核的岗位提供作业人员完成的作业量。量化考核可以在一定程度上提升作业人员的积极性。

9.2 系统测试

9.2.1 测试前准备

（1）确定测试人员。

确定参与系统测试的人员名单。原则上，为了保证测试过程和结果的独立性，不建议从系统开发团队中抽调人员，可以考虑从未来运营团队中的系统小组中抽人（系统主管、组长、系统文员）。当然，也可以跟专业的第三方测试机构合作。结合测试计划，在每次测试开始前，对参与人员进行分工。

（2）准备测试设备。

准备测试用的设备和物料，比如计算机、终端设备、扫描枪、条形码、打印机、打印纸等。

（3）了解业务流程。

安排培训老师对所有参与系统测试的人员进行业务流程培训，重点关注以下几点：让参与系统测试的人员了解业务流程体系涉及哪些作业流程、每个作业流程中涉及的各个角色，清楚涉及的节点、节点之间的先后顺序以及各个节点之间是如何衔接的。

只有对业务流程有整体上的掌握，才能进行全方位的测试。比如，发货订单的处理并非仓管员一个人就能独立完成，备货过程中会涉及叉车司机备整盘货物、拣货员备散货（以箱为单位）、仓管员对货物进行清点及与司机交接并完成发货等。

（4）熟悉系统功能。

系统的所有功能都是为仓库的运作管理服务的，参与系统测试的人员在了解了业务流程以后，还要熟悉系统的各项功能，最快的一种学习方式是将业务流程跟系统功能一一对应起来。

9.2.2 系统功能测试

系统功能测试的首要任务是先保证系统的所有逻辑都没问题，因此测试过程中发现的任何漏洞，不管大小，都要记录下来。为了提升测试效率，测试人员应对发现的漏洞及时补救。通常企业会组织几轮系统功能测试，并为每轮测试设定不同的测试目标。每轮测试完成后，测试人员应提交阶段性测试报告。所有的测试任务都完成后，测试人员应提交系统测试报告，根据系统测试报告判断系统是否具备上线资格。

（1）流程正常测试。

测试人员按照每个作业流程中每个节点涉及的角色及所操作的工作内容，使用终端扫描或输入正确的测试数据，检查系统显示的结果是否与预期相符。如果相符，表明这个节点的系统功能符合业务操作的逻辑；否则，就说明系统功能在实现上存在问题，测试人员应记录下来。

（2）异常场景测试。

该测试仍然按照每个作业流程中各个节点的正常衔接顺序进行测试，只是在输入数据时，测试人员要刻意输入异常数据，检查系统是否给出提示，提示哪些异常信息。如果系统给出提示，说明系统开发人员已经提前做了相关的规则设定；否则，表明系统开发人员在开发过程中没有做相关的规则设定，测试人员应记录下来。比如，在收货流程中，仓管员输入货物的批次时，可故意打破批次的排序规则，检查系统是否给出提示。

（3）特殊数据处理。

在系统功能测试中，测试人员还要输入一些特殊字符进行测试，比如在输入的数字之间直接按空格键或者输入其他特殊字符，查看系统是否给出提示。如果系统给出提示，说明系统开发人员对数据的范围和要求提前进行了规则设定，否则，测试人员就要将相应情况记录下来。

9.2.3 系统压力测试

系统压力测试是指在正常资源条件下，使用异常的访问量、频率或数据量来运行系统，测试系统运行是否稳定。

测试人员除了在办公区做系统压力测试的部分项目之外，建议把部分测试场景放到仓库作业一线，比如让多个用户同时登录终端设备进行系统操作，且多个用户聚集在同一个库区，以检查系统的反应速度是否会变慢或是否存在掉线等情况。

9.3 基础数据维护

9.3.1 产品基础数据维护

（1）维护内容。

产品基础数据维护主要是对产品信息中那些相对不变的内容在系统内进行提前维护，以在后期使用 WMS 进行作业时，减少操作人员的重复劳动。比如，产品的物代码、品名描述、规格（长、宽、高、重量、体积、箱内瓶数 / 支数 / 包数）、生产工厂代码、整盘货物的堆码标准等，都是相对固定的。如果提前做了产品基础数据维护，那么仓管员在收货时输入产品的代码，系统就可以自动显示出对应的基础信息。

（2）维护方式。

维护方式有两种：表格导入和手动录入。手动录入就是将产品的基础信息逐一录入系统，这种操作方式非常低效，而且在录入过程中，很容易因为录入人员的操作失误造成信息错误。因此，更好的一种方式是通过表格导入，直接将产品的基础信息上传到系统中。要采用表格导入的方式，系统开发人员需要提前在系统中开发相关的模块，使得上传的数据在系统中能被识别。

9.3.2 库位基础数据维护

（1）维护内容。

库位基础数据维护主要是对仓库内与位置相关的信息进行提前维护，其中最重要的就是库位基础信息，包括库位编号（库房号、通道号、排位号、层数）、排位属性（整盘存储区、非整盘存储区、按箱拣货区）、排位分区（即可以存放哪个品类的产品）、排位容量（最多可以放多少盘货物）等。

设计好了库位的基础信息，在系统开发过程中，系统开发人员就可以基于库位信息设计规则，比如，收货时，叉车司机扫描货物上的条形码后，系统就会基于库位基础信息给出最优的放货排位。

（2）维护方式。

跟产品基础数据的维护方式相似，库位基础数据的维护方式也分为表格导入和手动录入，建议采用更高效且不容易出错的表格导入方式。

9.3.3 其他数据维护

（1）系统收、发货策略。

与收货相关的，比如收货策略、质量管理策略、上架策略、存储策略等；与发货相关的，比如订单分配策略、整盘备货策略、按箱拣货策略、补货策略、发货策略等；与库存相关的，比如拼盘策略、货位调整策略、盘点策略等。

（2）客户及承运商信息。

客户信息包含客户代码、客户名称、收货地址、联系人、联系方式等，承运商信息承运商代码、承运商名称、联系人、联系方式等。

9.4 系统运营和维护

所有 WMS 在上线后，基本上都要经历 3 个阶段：保障阶段、优化阶段和扩充阶段。企业只有不断解决 WMS 在使用过程中产生的问题，WMS 才能真正为仓储项目的运营管理保驾护航。

9.4.1 保障阶段

WMS 上线初期，系统人员的主要任务就是严格执行前期设计好的系统操作手册，保障系统能够稳定运行。原则上，企业不应对系统进行大的变更。

系统运作初期，因一线操作人员对流程和系统操作不是很熟悉和系统从测试环境进入真实的操作环境两方面的因素，系统难免会出现各种问题。但有问题不可怕，可怕的是企业不重视、不及时解决。

虽然开仓后，系统已经正式由系统开发团队移交给了仓储项目中的系统小组，但不建议系统开发团队的人员全部撤出，至少要留下 2~3 个人，24 小时对接运作需求（这些人员的权限较高，了解系统后台的运行逻辑，主要解决系统本身出现的漏洞），保障运作和系统两条线同步运行。

开仓 3~6 个月以后，系统中存在的漏洞，以及因用户操作不熟练造成的问题会越来越少，系统就逐渐实现稳定运行。

9.4.2 优化阶段

在第 5 章谈作业流程设计时，我曾经提到过，仓库正常运作半年以后，运作团队就要对流程进行一次系统性的回顾。系统在与线下业务操作同步运行半年后，大多都会暴露出其设计中存在的缺陷或者某些功能不能实现的问题，这就需要系统开发团队对系统进行一次较为系统性的优化。

第一，运作团队，也是系统优化的需求提出者，对过去半年碰到的待解决的系统问题，以及计划新增的功能，逐个进行罗列；第二，将问题进行整理分类，转换成为具体的系统需求；第三，运作团队评估需求的可行性和必要性，并将需求提交给系统开发团队；第四，系统开发团队针对新增需求，评估是否可以实现、测算所需开发费用和所需时间等，与运作团队交换意见；第五，运作团队根据预算，最终确定此次需要优化的功能。

新增的系统需求完成开发后，系统开发团队依然要先进行系统功能测试，测试合格后方可在真实的操作环境中进行更新。注意，在更新后的系统正式上线之前，系统开发团队要针对更新的内容对相关岗位的人员进行操作培训。

9.4.3 扩充阶段

对于大部分的中小型企业而言，经过几个轮次的优化，系统基本上能满足其日常的使用需求。但是，对于大型企业而言，只是在原有的基础上做一些优化，显然是不够的。大型企业需要结合业务发展的需要，定期对系统功能进行扩充，直到不再使用此系统。

新增服务。这指的是在现有业务操作的基础上，增加新的服务，比如原有的系统支持成品以箱为最小单位的收货、发货、库存管理等（面向 B 端客户），后期增加了二次包装（促销装、贴标等），以箱内的内包装为最小单位的收货、存储、发货（面向 C 端客户）等。

新增业务。这指的是在现有业务操作的基础上，增加新的业务，此操作常见于大型物流企业，比如其原有的系统是以某个客户产品的需求为出发点进行设计的，新增的业务虽然也是仓储管理业务，但是其运作流程与之前的存在差别，那么，该企业就需要依托原有的系统框架，结合新增的业务特点，进行针对性的系统扩充。

系统对接。这指的是企业基于不同的使用需求，开发或者采购不同的系统。为了实现相关的系统间的对接，减少人为错误，提升效率，企业就需要对系统进行针对性的调整。

第10章

▼

货物搬仓、收货与发货

当场地、人员、设备等陆续到位时，仓储管理项目就进入项目管理的最后一个阶段，企业也就基本上具备了收货、发货的条件。此时可谓"万事俱备，只欠入仓"。如果仓储业务涉及更换场地或者物流服务供应商，则企业要对货物的交接给予高度重视。

本章我们就先从为什么要关注搬仓说起，讲解如何在不影响原有业务正常运转的前提下设计货物搬仓方案，再来谈谈在开仓收货和发货过程中如何建立库存，以及发货前需要做哪些方面的准备。最后谈谈开仓时的管人与理事。

10

10.1 货物搬仓方案设计

10.1.1 货物搬仓交接的 4 象限

1. 搬仓的定义及原因

搬仓，顾名思义，就是更换存储货物及收货、发货的仓库。比如，货物以前存储在 A 仓库，现在要换到 B 仓库。

为什么要更换仓库？原因有很多，如找到了租赁单价更低的仓库，现有仓库的存储面积无法满足业务发展的需要，工厂拟增加生产线占用了原有仓库的面积，仓储业务外包模式下伴随着仓储物流供应商的切换而更换仓库等。

如果正在启动的仓储项目不存在搬仓，是从 0 开始逐步建立库存的，那是最让人省心的事儿了。不过货物搬仓也没那么可怕，只要提前做好规划和防范就行。

2. 为什么要关注搬仓

有句俗话叫作"只有潮水退去，方知谁在裸泳"。对于仓库管理而言，虽然看似跟这句话八竿子打不着，但实际上有过仓储管理或者搬仓经历的物流人，就会对此句话感同身受。因为，只有搬仓交接的时候，我们才知道之前的库存管理中有多大的"窟窿"。这个"窟窿"就是库存差异（货物短少、货损、混代码、混批次等），而在所有库存差异中，影响最大的就是货物短少。

3. 搬仓与交接的 4 象限

从仓库和运营团队两个维度，我们将搬仓与交接划分为 4 个象限，具体为仓库更换但运营团队不换、仓库更换且运营团队更换、不换仓库且运营团队不换、不换仓库但运营团队更换，如图 10-1 所示。

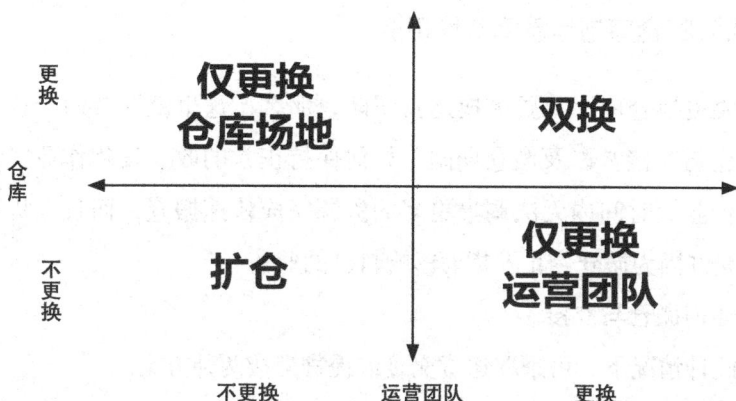

图 10-1 搬仓与交接的 4 象限

第一种，仓库更换但运营团队不换。此种模式下，仓库的搬仓与交接相对比较简单，因为虽然企业更换了仓库，但运营团队还是原班人马，那么，之前库存管理中不管存在多少库存差异，运营团队都无法把责任甩出去。

第二种，仓库更换且运营团队更换。此种模式常见于甲方把仓储业务外包时，比如之前是甲方自营（自建仓库或者租赁仓库，运营团队也由甲方自己组建），然后，现在打算外包给物流企业操作仓库和运营管理方面的业务全部外包给第三方；又比如，之前甲方将仓库和运营管理整体外包给了某个物流企业，合同到期后，通过招标，甲方将该业务又整体外包给了另外一家物流企业。

第三种，不换仓库且运营团队不换。此种模式常体现为在原有仓库面积的基础上，直接增加租赁面积，这样就既不需要换仓库也不需要换运营团队，如果运营团队人员不够用，只需再招聘几个人。

第四种，不换仓库但运营团队更换。此种模式常见于甲方将仓储业务外包时，比如之前是甲方自营（自建仓库或者租赁仓库，运营团队也由甲方自行搭建），然后，现在打算外包给物流企业，但只是外包仓储服务，仓库场地还是使用以前的场地；又比如，之前甲方将物流服务外包给了某家物流企业，合同到期后，通过招标，甲方将该业务的运营管理外包给了另一家企业。

接下来，我们将重点探讨在第二种和第四种模式下，如何做好搬仓与交接。

10.1.2 仓库与运营团队均切换

既要更换仓库，又要更换运营团队，那么，这里就涉及两个议题，即如何搬仓与交接？以及搬仓期间，如何保持正常的收、发货作业？多数情况下，企业短时间内无法调集更多的资源完成快速搬仓，而且，货物所有人也不允许因为搬仓停止发货而影响自己的业务。

1. 如何搬仓与交接

在此种情况下，可采取送货交接或提货交接两种方案。

送货交接指的是，原有的运营团队负责组织车源，将搬仓明细中的货物运送至新的仓库，然后在新仓库跟接货方的人员进行交接。

需要提醒的是，在确定交接方案时，一定要避免以托盘为单位进行交接。为什么？因为有仓库管理经验的人为了填补库存差异，是完全有办法做到从外观看上去货物的数量是对的，但实际上是有少货或者有其他货物码混在里面的。一旦按托盘为单位进行交接确认，新的仓库将来在发货时才发现其中的问题，是撇不清责任的，因为货物在新的仓库已经存放了一段时间，就无法准确定责了。

最好是散装到货，这样新的仓库在组织卸货时，可以严格按照每个代码产品的堆码标准进行码放，同时，关注每个代码产品的外观是否有破损、是否有不合规定的二次封箱、是否有部分货物重量偏小的情况等。如此，就避免了数量和质量上的差异。

不过，在实际的操作中，很少会用到送货交接的搬仓方案，因为其整体的效率偏低。下面，我们再来看看另一种搬仓方案。

提货交接指的是，现在的运营团队组织设备和人员，到发货仓库对搬仓明细中的货物进行交接，并组织车源将货物运输至新的仓库。

注意此处需要新的运营团队组织设备、人员和车辆。为什么要这么做？因为原有运营团队不仅要负责发运搬仓的货物，还要维持原有的业务正常运行，他们没法抽调太多的资源来搬仓。如果依托其原有的资源，尤其是物流搬运设备（如叉车）及装卸人员，搬仓的进度会非常缓慢。最好是有新的运营团队安排叉车、装卸工、仓管员、物流货车、空托盘去提货仓库交接。

这些资源到位以后，新的运营团队跟原有运营团队如何分工？建议先划出来一块区域，且该区域有摄像头覆盖，作为搬仓货物的缓冲区。原仓库的叉车司机将货物放到缓冲区以后，由新仓库的装卸工对货物进行翻盘，重新将其堆码到另一块托盘上（新仓库）。每重新堆码完成一盘货物，新仓库的仓管员跟原仓库的仓管员进行一次交接确认。攒够一辆车的货物以后，新仓库的仓管员安排叉车司机将货物带盘装运至物流运输车上，仓管员对车辆的车门进行施封，并在发运单上注明施封号。到达新仓库后，新仓库的收货人员在卸车前，先核对施封号是否正确，车门是否被打开，无误后，方可打开施封条和车门，安排卸车。卸车时，收货人员直接以托盘为单位进行货物清点，无误后，完成货物的收货和上架。

需要注意的是，当天在提货仓库交接完的货物，尽量当天就安排车辆全部提走。另外，搬仓期间，最好是双方都指定一名负责人。如果原有仓储业务非甲方自营，那么，甲方也需要指定一名负责人，如此，搬仓期间的所有异议都可以得到快速响应和解决。

此种交接方式减少了搬仓过程中重新堆码的次数，降低了因为多次的人工装卸搬运造成的货损概率，另外，也提高了车辆的周转率。

2. 如何边搬仓边运作

前面说过，搬仓期间很难停止原有业务的正常运营（除非仓库面积非常小、业务量小，一两天就能完成搬运），那么，如何边搬仓边维持仓库的正常收发货呢？

提前规划。这主要是指提前规划好搬仓的明细，避免搬仓期间出现两点发货的情况（这会增加承运商的操作难度，同时会使运输费用增加）。哪些货物可以先搬走？比如，仓库存放的滞销品，短时间内大概率不会发出，就可以被放到搬仓明细中。另外，如果存储的货物是按季节进行区分

（服装企业），那么非应季的货物，也可以纳入搬仓明细，这是最常见的一种规划方式。另外，为了提高搬仓效率，建议在搬仓期间，提前跟仓库下游的客户沟通，考虑是否可以提前将一周的订单确定下来，如果可行，那么，又会有一部分暂时不发货的货物可以纳入搬仓明细。

灵活掌握。在搬仓期间，我们应尽量避免两点发货的情况，如果发生了该情况，一定要灵活掌握。第一家发货的仓库在装车时，车尾部分要码放成梯形，这样即使在刹车或者上下坡的过程中，也不会造成大面积的货物倒塌而产生货损。第二家仓库在发货时，首先要将码放成梯形的货物进行重新堆码，其次要使用一些物资，比如彩条布或者塑料布，进行一些物理隔离，区分不同仓库发出的货物。

10.1.3 换运营团队但不换仓库

很多人会觉得，换运营团队但不换仓库与运营团队和仓库都更换相比，要更好交接一些。实际上，正是因为不更换仓库，产生了很多潜在的交接事项，而且货物的交接没有我们想象的那么简单。

1. 如何交接货物

之前我们在谈搬仓交接方案时，提到了新仓库的人员可以直接到原仓库对货物进行重新翻盘，然后，进行货物的交接确认。而在不更换仓库只更换运营团队模式下，重新翻盘的操作只有在仓库内存储的货物较少时能够进行，大部分情况下是不能进行的。因为翻盘后确认完的货物，仍然要上架到原仓库的运营团队所确定的排位上去。而这个时候，因为整个仓库存储的货物没有完全交接完，新的运营团队无法入驻，这就意味着，已经交接完的货物会存在潜在的风险，且在新的运营团队正式入驻之前这段时间，有可能会产生新的库存差异。我们如何避免前面所提到的风险呢？实际上这类风险是无法完全避免的，我们只能想办法将潜在风险造成的差异率降到最低，具体有以下两种模式。

翻盘模式。如果原仓库的运营团队同意对货物进行翻盘交接，那么，要尽量做到同一个代码下的所有库存在同一天全部交接完。为何同一个代码下的库存不能在几天内交接完，因为这样操作就给原仓库的运营团队制造了腾挪的空间，一旦存在库存差异，其就可以"拆东墙补西墙"，而且还不容易穿帮，表面上看确实没有差异，但实际上新仓库的运营团队吃了大亏。

另外，在新仓库的运营团队入驻的前一天，双方最好再对库存做一次相对静止的大盘点，这个时候就不能通过翻盘来盘点了（一方面，前面已经翻盘盘点过了；另一方面，时间不允许），而是整盘货物以托盘为单位，散货排位的货物以箱为单位，特殊区域的库存，比如残损品，以支/包/瓶为单位进行交接，如果时间紧凑的话，就要抓大放小，重点关注整盘货物的数量是否存在差异。

非翻盘模式。不翻盘交接货物的风险非常大，此种情况下，原仓库的运营团队通常归属于甲方，他们对自己的库存管理能力有信心，为了不影响正常收货和发货作业及加快交接的进度，他们不愿把大量的时间花费在翻盘交接上。此种情况下，对于新仓库的运营团队而言，想要避免未来接手仓库后出现因原仓库的运营团队造成的库存差异转嫁到自己头上，就要跟原仓库的运营团队做好协商。

首先，新仓库的运营团队仍然要对库存做一次相对静止的大盘点，不要只数盘数，还要数每盘的层数），散货排位货物按箱清点、残损库位的货物按内包装清点，这些都是可以交接清楚的。

其次，对于无法数清楚的整盘内是否存在货物短少的情况，新仓库的运营团队就要跟原仓库的运营团队进行协商，明确新仓库的运营团队在发货时发现整盘内出现短少的情况应如何解决。其实很多认同不翻盘交接的甲方，对于这个潜在风险是心里有数的。也就是说，如果将来真的出现了整盘内货物短少，只要证据足够，他们是愿意为此埋单的。新仓库的运营团队在发现整盘货物存在短少的情况的，要做到第一时间发现第一时间取证第一时间上报第一时间解决。

2. 其他交接事项

由于仓库不更换，因此，新仓库的运营团队在交接时，就不能笼统地只对货物进行交接，还要对仓库的场地、设备以及人员进行交接。

场地交接。这主要是指对仓库的硬件进行交接，我们在 7.1 节分享过仓库交接的具体事项，包括建筑工程交接、安装工程交接，以及其他交接事项 3 个方面，此处不再赘述。

设备交接。主要是对仓库内的存储设备进行交接，包括货架和托盘。交接货架时，新仓库的运营团队要关注货架是否有损坏，比如货架的立柱和横梁是否被撞弯、立柱前的防撞柱和货架两端的防护栏是否损坏等。交接托盘时，虽然无法对托盘的质量进行把握，但数量是可以清点清楚的，建议新仓库的运营团队在做货物的盘点时，同步记录托盘的数量，如果库房内存放了一些坏托盘，则要找原仓库的运营团队确认如何解决，最好落实到书面上。

另外，原仓库的运营团队有可能会有一些搬运设备，比如叉车、地牛等，想让新仓库的运营团队付费使用。对于此种情况，建议新仓库的运营团队检查车辆的档案（使用年限、维修保养记录等），结合档案和实际车况，跟原仓库的运营团队确定费用标准，如果无法达成一致，可以拒绝。

人员交接。原仓库的运营团队从仓库撤出，如果他们暂时没有新的项目可以加入，大部分人会被劝退，少部分人会被分配到企业的其他部门或者已有的项目中。新仓库的运营团队可以考虑从原仓库的运营团队中挑选合适的人员加入（遵循自愿原则）。使用这些人员的优点在于，其对业务流程熟悉，上手速度比较快。但是缺陷也明显，比如其之前养成的不好的工作习惯也会带到现在的项目中，不像新人那样是"白纸一张"，企业教什么就学什么。

另外，新仓库的运营团队的负责人尽量不要因为原仓库的运营团队中的人员工作经验丰富，而将其跟其他同岗位员工区别对待，这样不利于人员团结。如果必须给其高薪，则一定要做好保密工作。同时，为其设定一个时间段，超过这个时间段后，其就恢复岗位的正常薪资。对于拿捏不准的，可以找原仓库的运营团队的负责人交流，让他推荐几个人选也是可以的。

10.2　仓库的收货与发货

10.2.1　建立库存

仓库具备收货、存储、发货等基本功能，开仓的首要任务是安排货物入库，建立库存，为下一步的发货做准备。不同功能的仓库，其建立库存的方式也不同。

1. 生产下线入库

对于生产工厂内配套的成品库，其建立库存的货物来源主要就是生产下线入库。成品库主要用于存储生产工厂所生产的品类，具体需要注意两点。

一是新建工厂开产。生产型企业新建厂房时，就会规划出配套的成品库。成品库的项目启动，跟工厂的生产计划保持协同。因为产品的生产要经历从试生产到大规模生产的过程，所以，对于成品库而言，其库存的建立是一个循序渐进、不断增量的过程。相对而言，成品库建立库存的节奏没那么快，这给成品库的运作人员提供了一个逐渐适应的过程。

二是运营团队切换。生产型企业非新建厂房，只是考虑将现有的成品库的运营团队进行切换。相对于前面的新建工厂开产，此种情况对于新的运营团队而言，挑战会非常大。因为生产线大概率不会因为运营团队的切换而适当减产。这就意味着，新的运营团队接手以后，就要保持高强度的入库节奏，没有缓冲的时间。

对于存储空间有限的成品库（一些老工厂内的成品库的面积不是特别大），一旦运作不畅，比如生产下线产品无法及时运输至成品库，就会导致大量产品在生产线线尾积压；成品库内的产品如果无法及时发运（备货效率和装车效率低），就会导致成品库释放不出来太多的存储空间。这两种情况，严重时都会导致生产线憋停，成品库的运营团队则要承担生产线所遭受的损失。所以，对于项目经理而言，在人员配置方面，一定不要大比例配置新员工（此类业务不提供练手的机会），而是要在关键岗位上增加老员工的比例，比如从企业内部其他项目抽调、从外部招聘具有一定工作经验的员工、从成品库原有的运营团队那里挖人等。

2. 外埠调拨入库

生产型企业根据业务发展的需要，会考虑在某些核心城市建立分销中心仓库，从分销中心仓库发出的货物覆盖某几个省份的客户。分销中心仓库建立库存的货物来源主要就是外埠调拨入库。分销中心仓库内的货物通常是全品类的。具体解释如下。

·些有实力的生产型企业会在全国建立多个生产工厂，分别生产不同品类的产品。计划人员会根据销售预测，将每个工厂生产出来的货物，按照不同的比例，分配到各个区域的分销中心仓库，这也是分销中心仓库入库货物的主要来源。

除了从全国的生产工厂直发货物外，计划人员也会根据需要，对各个分销中心仓库已有的货物进行调控，把那些销量不及预期但库存水平较高的货物，调拨至卖得较好且库存不足的区域分销中心仓库。

3. 货物搬仓入库

更换货物的存储场所时，会涉及将原有仓库的库存转移至新的仓库，其建立库存的货物来源就是货物搬仓入库。不过，当搬仓完成，新仓库进入正常的运营阶段后，其货物来源也会是多样化的。具体是哪种，可以参考搬仓之前原仓库的货物来源，或者参考该仓库的功能定位。

4. 厂家送货入库

商贸企业的配送中心仓库建立库存的货物来源主要就是厂家根据商贸企业的采购订单送货入库。现阶段，也有一些商贸企业不再要求厂家送货，而是安排物流车辆到厂家的生产工厂或者分销中心仓库进行提货，也就是我们常说的自提。

对于厂家安排物流送货的情况，商贸企业的配送中心仓库需要提前将收货的规定告知厂家，比如到货前必须提前预约卸货时间、卸货是否需要厂家自带装卸工等。

10.2.2 发货准备

1. 货物准备

当仓库建立了一定数量的库存以后，运营团队就要开始为发货做准备了，比如检查货物的品类是否齐全、数量是否足够、质量状态是否为放行。其中，常见的货物质量状态主要有 3 种：扣货、待检和放行。只有处于放行状态的货物品才能正常参与发货。另外，在正式发货前，运营团队应对所有的货物进行一次全面的盘点，确保系统库存和实物库存是一致的。

工厂成品仓库。工厂生产的产品品类相对比较单一，而且其发货方向主要是下游的区域分销中心仓库，因此，只要其数量达到运输车型的装载量，计划人员就可以下达发运计划，安排仓库发货。

分销中心仓库。由于分销中心仓库辐射的是周边的几个省市，每个分销中心仓库的产品几乎都是全品类的，以避免下游的客户（经销商和零售商）下单时出现订单不能满足的情况。在客户下单时，能够被他们看到的一定是质量状态为放行的货物，否则，处于待检或者扣货状态的货物也参与系统分货的话，在实际发运时，就会造成客户订单不能被完全满足的情况。

配送中心仓库。零售商的配送中心仓库的下游客户既有来自企业端的，也有来自消费者端的。来自企业端的主要是线下的卖场或者某些品牌旗下的连锁超市，比如沃尔玛、华润万家、北京物美等，企业通常根据门店的销量进行"补货式"发货（非专有名词，只是为了让大家更好理解）。"补货式"发货指的是门店里每个品类的产品都设有安全库存，当库存数量低于安全库存时，就要从配送中心仓库下单。或者根据企业的促销计划进行"预存式"发货（非专有名词，只是为了让大家更好理解）。"预存式"发货指的是基于促销计划，提前在门店中囤积货物。

来自消费者端的主要是线上的卖场，比如京东商城、天猫超市、当当网等。

无论配送中心仓库服务的是线上商城还是线下卖场 / 连锁超市，其开仓发货的节点通常都已经建立了足够数量的存货。

2. 人员准备和设备准备

人员准备。参与仓库发货的人员包括仓管员、叉车司机（备货、补货）、拣货员、装卸工、系统人员等。

设备准备。这主要是指搬运设备的准备，如叉车、电动地牛、手动地牛等。发货前，设备管理人员要提前检查这些设备是否能正常使用，包括电动设备电瓶的电量是否够用，备用电瓶是否充满电或者在充电中，并对设备进行全面"体检"和维护等（如果使用柴油叉车，需要提前检查柴油储备是否够用）。另外，设备管理人员还要检查办公设备是否能正常使用（针式打印机、激光打印机、电脑等），耗材是否足够。

3. 场地准备

备货和打包区。我们要检查用于发货的备货区是否被临时占用，发货备货区内对应的装卸门和电动装卸平台是否能正常开启。面向消费者端的配送中心仓库在发货时，我们还要特别检查打包区域是否被临时占用，以及所有物料、设施设备是否齐全。

电力及网络。我们要提前从当地的供电部门了解近期是否会有临时断电计划（尤其是夏天）。停电时，应根据《仓库断电的应急预案》执行，必要的时候启动备用电源。准备备用网络，确保临时断网时，不会对发货造成太大的影响。

10.3　开仓时的管人与理事

10.3.1　人员管理

1. 严格执行流程

开仓运作初期，正是习惯养成的时候，不管我们是社招的带着工作经验的"物流老兵"，还是校招的白纸一张的"物流新人"，都建议在这个阶段做到心态归零，严格执行培训时所了解到的标准化作业流程。

比如，到货的产品中，在同一个代码的产品下有多个批次的货物，按照流程要求，仓管员要提醒装卸工在卸货堆码时不要码放混批。如果同一个代码产品下的所有批次都卸完后，发现有的批次多几箱，有的批次少几箱，建议对这两个批次的产品进行重新翻盘，绝不能想当然地认为一定是发货方在发货时出现了混批次发货问题，而应该通过翻盘确定问题究竟出现在哪个环节。实际上，确实有很大的可能是装卸工操作失误，在卸货时没有逐箱看批次，导致码放混批。

最不可取的是，仓管员担心领导追究责任，既不汇报发货方混批，也不组织装卸工翻盘找原因，而是将该批次多出来几箱的货物，直接码放到该批次实收少的托盘中，在收货单据上正常签收，这是不诚实的表现。这种员工在接下来的工作中早晚要给项目捅"大娄子"。

2. 遇到问题"三不"

按理说，员工通过了岗前的培训考核，就可以上岗操作。不过，即便如此，在实操过程中，员工也会因为出现这样或那样的问题而"蒙圈儿"。遇到问题，员工应先快速进行一遍自查，无法确定原因时，要做到"三不"——不隐瞒、不操作、不放过。

作为新手，遇到问题是难免的，但是绝不要隐瞒问题。运作初期就是暴露问题的阶段，暴露的问题越多越好。新手更不要按照自己的想法去操作，毕竟自己的经验有限，按照自己的想法操作，虽有可能把问题解决了，但更有可能把小问题变成更加棘手的大问题，正确的做法是及时停下来，然后快速将问题上报自己的直属主管，直属主管对这个问题进行现场解决，主管解决问题的过程中，新人可以从旁学习，或者待主管解决完毕后，去请教主管是怎么解决的。这样，每一个解决问题的过程都会成为新手的财富。

10.3.2 业务管理

1. 找到效率瓶颈

车辆进入仓库卸货和提货都有时间限制。一方面，只有车辆离库才能把占用的作业门重新释放出来，安排下一车的作业；另一方面，车辆长时间待在仓库，会造成收货的库存数据上传延迟，从而导致无法当天分货，发货的车辆需要在路上争取时间才能如期将货物送达末端的经销商或者零售商处。

无论是收货还是发货作业，都需要多个岗位相互配合才能完成，但仓库管理人员没有三头六臂，无法确保每个人的作业效率都达标。一个比较好的办法是关注每辆车作业的时间节点。以收货为例，比如，8：00进库了几辆车，仓管员在什么时间点叫的装卸工，什么时间卸完货，货车在什么时间离开的仓库等。

仓库管理人员要对发现的问题进行整理，对于共性的问题，分析其原因，然后进行针对性的解决。如果是因为员工对流程不熟练，就要每天做流程的强化培训。如果每天的发货任务必须完成，而员工的效率暂时无法完全达标，也可以考虑暂时对该岗位增加人手，所谓"效率不够，人数来凑"。对于经常犯错的员工，要考虑是不是要替换掉等。

2. 每天定期回顾

运作初期，因为员工操作不熟练、没有按标准化流程执行、流程设计中存在缺陷等，会暴露出很多的问题，仓库管理人员一定不要因为问题过多而产生压力，而要以成长的心态看待这些问题。把每天每个班组发现的问题及解决方法整理成记录，放到运作问题案例中，共享给所有相关岗位的员工，做到当天发生的问题当天解决、当天做培训分享，这样就避免了同样的问题再次甚至多次发生。

需要注意的是，这里的培训分享应尽量在运作现场进行，不要一说起培训，就组织员工去培训教室现场培训最大化地节约大家的时间，确保大家把时间用在更重要的事情上。同时，仓库管理人员之所以抓住班前会，除了通报当天的工作任务及员工作业安排外，也可以把培训分享放在其中。

第4部分
科技篇

世界在变化，企业不能活在过去的桎梏中，闭门造车，刻舟求剑。科技是第一生产力，对于仓储业务的主体企业而言，要关注业内先进的物流技术，结合具体的业务特点，找到适合的科技产品，让仓储管理更高效、节约！

科技篇将为你介绍近几年在仓储物流领域涌现的先进理念及智能化的设施设备，在仓储项目管理阶段植入科技的基因。传统物流企业必须借助科技的力量，从劳动密集型向大数据及技术驱动下的智能仓储转型升级。

第11章

▼

从人海战术到大数据等技术驱动下的智能仓储

现阶段，大部分企业的仓储业务对人的依赖性比较强。货物的装车、卸车，靠工人；收货、发货，靠仓管员；上架、下架，靠叉车司机。正是有了各岗位人员的紧密配合，才使得仓储业务得以正常运转。若部分岗位出现人员空缺或者岗位人员的效率不及预期，就有可能造成运作瘫痪。

本章我们先从仓储生态圈谈起，再看看不同的生态者在不同的仓储管理模式中如何协作，仓储智能化经历了哪几个阶段，再进一步了解近几年来仓储领域中涌现出了哪些先进的技术，以及对企业有何影响。

11

11.1 仓储生态圈

仓储管理的生态圈内主要有 4 类生态者：场地——物流地产商，硬件——物流设备供应商，软件——仓储信息系统供应商，服务——物流服务提供商。接下来分别进行介绍。

11.1.1 物流地产商

2000 年以前，仓库基本上都是生产型企业或者物流企业自己买地建设的，那个时候仓库的建设标准参差不齐，而且大部分都是平面库。随着分工的专业化，物流地产商陆续走进了人们的视线。

国外专业化的物流地产商的入驻，加速了国内物流仓库的硬件升级，市场上开始出现现代化、标准化的高台仓库。常见的物流地产商有普洛斯、嘉民、丰树、维龙、宇培、安博、宝湾、万纬等。

物流地产商的盈利点主要体现在租金回报、土地增值、服务费用、项目投资收益等方面，近两年，受疫情影响，物流地产商的招商及运营压力增大，如何提升仓库的出租率成了关键。

11.1.2 物流设备供应商

物流设备主要包括存储设备——货架、托盘，搬运设备——叉车及其他设备。下面简单罗列一下每个领域的物流设备供应商。

货架供应商，主要是货架的生产商，比如音飞储存、德仕安、金星、鼎虎、万事达等。

托盘供应商，主要包含两类企业，即生产厂家及租赁企业，前者区域化比较明显，后者有两家做全国市场的龙头企业，集保和路凯。

叉车供应商，主要是叉车的生产商，比如永恒力、海斯特、科朗、林德、杭叉、合力、比亚迪等。

11.1.3 仓储信息系统供应商

仓储管理过程中涉及的信息系统主要就是 WMS，国际上比较知名的仓储信息系统供应商是 SAP 和 INFOR，但是因为其仓库管理相关模块的费用相对较高，加上本身 WMS 并非壁垒很高的技术，目前国内有很多高性价比的 WMS 的供应商。WMS 的供应商除了可以提供标准化的模块之外，也可以基于企业的需要进行定制化的开发。目前国内的 WMS 供应商有富勒、唯智、科箭、C-WMS、标领等。

11.1.4 物流服务提供商

物流服务提供商主要是专业的物流企业。合同物流领域的有中国外运、中储、宝供、安得、日日顺等，电商物流领域的有京东物流、菜鸟网络、发网物流等。

11.2 仓储管理模式

从仓储场地和管理方式两个维度，我们可以将管理模式分为 4 类，如图 11-1 所示。

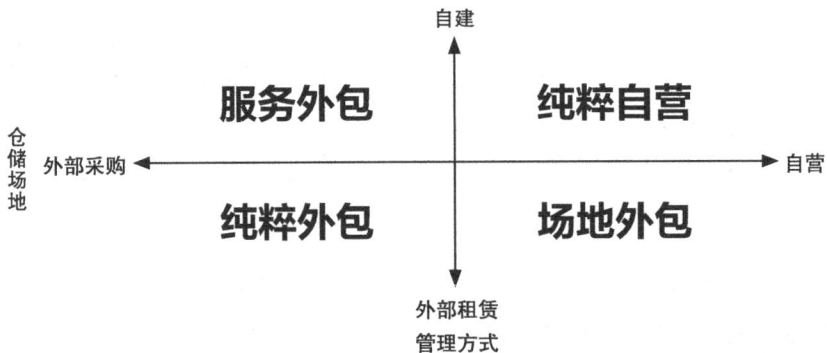

图 11-1 仓储管理模式

11.2.1 仓库自建、管理自营

这种模式就是纯粹自营，企业自己建设仓库，同时自己招人管理仓储业务。比如，京东物流在部分城市的京东亚洲一号仓库为自建仓库，且自己运营；一些生产型企业紧靠生产线的成品库也多为纯粹自营。

11.2.2 仓库自建、管理外包

这种模式属于半外包，企业自己建设仓库，但将仓库的运营管理外包给专业的物流企业。比如，一些生产型企业会把厂内的成品库的运营管理外包，把自建的分销中心仓库的运营管理外包。蓝月亮天津分销中心仓库、宝洁天津分销中心仓库均属于此类模式。

11.2.3 租赁仓库、管理自营

这种模式也属于半外包，企业存储货物的场地非自建，而是通过租赁第三方提供的仓库来完成收、存、发，但是仓储业务的管理仍然是企业自己来做的。

11.2.4 租赁仓库、管理外包

这种模式就是纯粹外包，企业租赁第三方的仓库，同时把运营管理也外包给专业的物流企业。一些大型的生产型企业为了集中人力、资金用于产品的研发、生产和销售，往往会把非核心的物流业务外包给三方物流企业。壳牌天津分销中心仓库、联合利华天津分销中心仓库均属于此类模式。

11.3 仓储智能化发展的 5 个阶段

仓储智能化发展到现在已经经历了 5 个阶段。在不同的时期，因为主流技术与设备的不同，仓库就具备不同的自动化程度。仓储智能化发展的

前3个阶段基本上都是以人工、机械化及自动化为主，从20世纪90年代
后期开始至今，集成化、智能化仓储成为主要发展方向。接下来分别进行
介绍。

11.3.1 人工仓储阶段

仓库的卸车、入库、存储、备货、装车等全部是靠人工作业来实现的。

由于几乎没有什么机械化设备，比较极端的操作方式是，入库时，工
人先将货物从车上卸下来，然后搬到提前规划好的地面排位上并码成死垛，
出库的时候，也是一箱一箱从排位上取走，再装车，收货和发货的效率非
常低。

这个阶段主要研究部分工作进程的设备化，如何用机器代替部分人工
作业。

11.3.2 机械化仓储阶段

仓库的作业人员在运作中开始使用机械化设备，比如使用传送带、叉
车、天车、吊车、升降机等来完成货物的移动和搬运，使用托盘、货架、
中转箱等作为存储的单元。

机械化提高了作业人员的工作效率，改善了货物的储存条件，提高了
仓库的空间利用率。机械化满足了仓库管理人员对速度、精度、高度、重
量、重复存取和搬运等的要求，同时为自动化仓储的出现做了铺垫。

11.3.3 自动化仓储阶段

一些先进的仓库相继研制和采用了有轨制导车辆（Rail Guided
Vehicle，RGV）、自动导引车（Automated Guided Vehicle，AGV）、自动输
送机、自动存取机器人、自动识别和自动分拣机、货品自动识别扫描系统、
巷道式堆垛机、移动式堆垛机等。

虽然仓库使用了大量的自动化设备，但这时只是实现了各类设备的局

部自动化且各自独立应用，此现象被称为"自动化孤岛"。

11.3.4 集成化仓储阶段

显然，"自动化孤岛"需要集成化，随着技术的进步，便形成了"集成化系统"的概念。在集成化系统中，整个仓储系统有机协作，使总体效益和生产的应变能力大大超过各部分独立效益的总和。

集成化系统包括人、设备和仓库控制系统（Warehouse Control System，WCS），仓储智能化发展的前 3 个阶段是其形成的基础。

11.3.5 智能化仓储阶段

人工智能技术推动了自动化技术的进步，使得自动化技术向更高级的智能化方向发展。

在这个阶段，系统可以完全自动运行，并根据仓库实际运营的情况，自动反馈有价值的参考数据，比如根据出库量和频率对市场前景做出预测，根据货物的存储位置、库存数量、库存周期对仓库布局进行规划，以及对如何配置仓库的各种资源等给出合理化的建议。

在这个阶段，货物的仓储过程几乎可以不需要人的参与，完全实现仓储的自动化。目前，智能化仓储技术仍处于初级发展阶段，未来其应用前景将更加广阔。

11.4 仓储先进技术

11.4.1 智能化托盘

物流单元大家应该都不陌生，其中比较常见的就是托盘，有些超市的配送中心也会用到可折叠的物流仓储笼，比如大润发，还有的会用到物流塑料周转箱，比如屈臣氏。

　　下面以托盘为例进行讲解。托盘几乎贯穿整个供应链中大部分的物流场景，即产品从生产线下线，被码放在托盘上，然后带托盘运输至仓库，放到货架上进行存储，出库时带托盘运输至各个分销中心仓库或者末端的客户仓库。

　　托盘也好，物联网也罢，都不是什么新鲜概念了，但是，上海优链供应链却对这两者做了有效的结合。其创始人詹敏瑟将其称为"物流单元＋物联网技术成就的一个供应链平台"[14]。其可以提供下面几个功能。

　　第一，电子标签。通过重组应用电子标签，这些标签中会包含商品的出库信息、运输信息、收货信息等，从而帮助企业解决和商品关联的问题，让交接过程更加可视化，使得货主和参与其中的运输企业都可以实时监控产品状态和交接流程。

　　第二，定位技术。在托盘上安装带有定位技术的设备，该定位技术可以将误差范围控制在 1 厘米以内，从而实现货位的流量管理。在上海优链供应链的后台管理系统中，每个货位都会以坐标的形式显示出来。詹敏瑟说这将颠覆目前的仓储管理，为此她打了一个比喻，"以后可能仓库就不会是以平方米数来计价了，而是像钟点房一样按时计价，因为你可以很清楚地知道货物是几点几分进来的，又是几点几分出去的。"

　　第三，传感器。在托盘上安装各种传感器，这些传感器可以帮助企业监督产品的质量，比如针对冷链运输，安装检测温度的传感器；针对易碎品运输，安装震动传感器。而且上海优链供应链为智能托盘安装了几乎适用于任何传感器的插口，使用者可以根据企业的需求。

　　第四，智能系统。通过安装智能系统，上海优链供应链能实现托盘跟仓库内各种智能设备之间的"对话"，完成无人叉车导航、仓内最优路线优化、机器人自动分拣、货位流量管理等各种操作流程。这种托盘和设备间的"对话"是依靠名为"LoRa"（远距离无线电）的系统实现的。

11.4.2　窄巷道货架与叉车

随着仓库租金的不断攀升，仓储成本越来越高，提高仓库单位面积的利用率刻不容缓（物流地产商通常是按租赁的面积收取租金的）。除了考虑安装货架提升仓库的空间利用率之外，企业还可以考虑缩短货架与货架之间的叉车通道的距离，以释放出更多的空间用于存储货物。

窄巷道货架是仓储货架的一种，其提供的叉车搬运通道与其他货架提供的叉车搬运通道相比较为狭窄，因此得名。

窄巷道货架所使用的货架类型是横梁式货架的衍生品。和普通横梁式货架相比，窄巷道货架的不同之处在于叉车搬运通道的尺寸大幅度减小，一般为 1.6~2.0 米（传统的货架仓库预留的叉车搬运通道的尺寸为 3~3.5 米），大大地提高了仓库的空间利用率。另外，窄巷道货架的底部需要加装叉车的专用行动导轨，导轨常规采用不等边角钢，可减少叉车司机因人为操作失误对货架造成的碰撞。

为配合窄巷道货架的应用，叉车厂商们推出了窄通道（Very Narrow Aisle，VNA）三向叉车，这类叉车在不需要转动车身的情况下，货叉就可以实现 180 度旋转，左右侧移，从而可在更狭窄的通道中工作。窄巷道三向叉车按照其操作方式的不同，又分为有人驾驶和无人驾驶两类。

11.4.3　AGV

AGV 是 Automated Guided Vehicle 的缩写，意为自动导引车，装备有电磁或光学等自动导引装置。它能够沿提前设定的导引路径行驶，具有安全保护及各种"移载"功能。

AGV 通常由以下几个部件组成：车体、蓄电和充电装置、驱动装置（由车轮、减速器、制动器、驱动电机及速度控制器等部分组成，是控制 AGV 正常运行的装置）、导向装置（接受导引系统的方向信息，保证 AGV 小车沿正确路径行走）、通信装置、安装与辅助装置（避免 AGV 出现系统故障或有人员经过 AGV 的工作路径时出现碰撞）、移载装置、中央控制系统等。

AGV 的特点主要体现在以下几个方面。

1. 无人驾驶

AGV 装备有自动导向系统，可以保证在不需要人工引航的情况下沿预定的路径自动行驶，将货物或物料自动从起始点运送到目的地。

2. 柔性好

AGV 的自动化程度和智能化水平高，AGV 的行驶路径可以根据仓储货位要求、作业流程等的改变而灵活改变，并且改变行驶路径的费用与传统的输送带和刚性的传送线相比非常低。AGV 一般配有装卸结构，可以与其他物流设备连接，实现货物和物料装卸与搬运的全过程自动化。

3. 清洁环保

AGV 由自带的蓄电池提供动力，运行过程中无噪声、无污染，可以应用在许多要求工作环境安静、清洁的项目。

现阶段，AGV 在电商企业的自营物流中心、家电行业、新能源行业应用得比较多。比如，京东"6·18"期间，京东物流长沙"亚洲一号"智能物流园区内，百余台应用 5G 技术的"地狼"AGV 智能拣选机器人正式投用（货到人自动化拣选），"亚洲一号"负责人表示："京东物流'地狼'AGV 货到人拣选方案让园区的坪效提升了 100%，搬运效率提升了 200%。"[15]

11.4.4 自动化立体仓库

自动化立体仓库主要由库房、巷道堆垛起重机、出入库运输机、控制计算机（软件及硬件，是自动化立体仓库的指挥中心）、状态检测设备等部分组成，同时，还配有信息识别/输入设备，如条形码扫描终端等。

1. 建筑安装形式

从建筑安装形式上看，自动化立体仓库可分为整体式和分体式两种。整体式自动化立体仓库也叫一体化立体库，高层货架和建筑是一体化建设的，不能分开，这一永久性的仓储设施采用钢筋混凝土构造而成，这使得高层的货架也具有稳固性。分体式自动化立体仓库则与整体式自动化立体仓库刚好相反，货架在建筑物内独立安装，其优势在于无须另行建设基础设施，可直接对原有建筑物进行改造。

现阶段，国外自动化立体仓库的发展趋势是由整体式向分体式发展，因为整体式自动化立体仓库的建筑物与货架是固定的，一经建成便很难更改，应变能力差，而且投资大，施工周期长。

2. 管理控制系统

自动化立体仓库是一个复杂的自动化控制系统，由众多的子系统组成。在自动化立体仓库中，为了完成规定的任务，各系统、各设备之间要进行大量的信息交流。例如，自动化立体仓库中的主机与监控系统、监控系统与控制系统之间进行通信，以及仓库管理计算机通过计算机网络与其他信息系统进行通信等。

3. 自动化设备

库房由一些货架组成，货架是自动化立体仓库的主体部分，多是高位立体货架，高度可达 30 米以上，能实现密集型存储。货架之间留有巷道（就像传统仓库内的叉车通道），每个巷道都有自己专有的堆垛起重机。堆垛起重机可采用有轨和无轨方式，巷道的长度、货架的高度视仓库高度和需求而定。堆垛起重机上安装有检测横向移动距离和升降高度的传感器，以辨认货位的位置和高度，同时推垛起重机还可以根据需要阅读排位上的货物信息。自动化输送线一般设置在立体货架的前方，这样可以有效地连接立体货架，进行货物的存取，并可把需要存取的货物送到指定的地点。

11.4.5 3D 打印

3D 打印，又称增材制造，是一种快速成型技术。它也是一种以数字模型文件为基础，运用粉末状金属或塑料等可黏合材料，通过逐层打印的方式来构造物体的技术。

3D 打印已开始改变我们对生产和消费的认知，以往生产型企业生产产品通常是大批量、标准化的，有了 3D 打印的加持，企业生产将会往小批量、定制化方向发展，分布式生产和实体经济虚拟化将成为时代发展的方向。

随着生产和消费模式的改变，物流行业也将发生很多变化，对于仓储物流企业而言，有哪些冲击呢？《技术经济与管理研究》曾经刊登过一篇名为《3D 打印对物流产业的影响及对策创新》[16] 的文章，该文章就"3D 打印对物流产业的影响"列举了 12 个方面，我认为其中值得关注的有以下几点。

1. 供应链上游物流业务缩减

在 3D 打印时代，物流供应商参与制造企业的上游供应链的机会将会变得更少，因为生产制造将越来越多地在一个集成化的生产工厂内完成。

以往多层的原材料、半成品（比如汽车零配件，一般一辆轿车约由 1 万多个不可拆解的独立零部件组装而成）供应商就此退出历史舞台，一些产业集群、产业园将受到重大影响，传统的供应商管理库存模式也将发生变革。

2. 3D 打印原材料业务将成为物流业的新宠儿

从市场需求角度来看，随着 3D 打印技术的不断成熟及成本的降低，公众对其的接受程度也将不断提高，由此必将激发家庭 3D 打印的消费潜力，使得 3D 打印的耗材需求随之扩大。同时，在工业领域，随着未来规模化 3D 打印的逐步可行，对 3D 打印耗材的需求将明显增加。

从材料领域本身来看，伴随 3D 打印技术的持续普及，现有的钢铁、化纤、陶瓷、石膏、水泥和石材等原材料生产企业，其相当比例的资源将用来生产 3D 打印所需的各种耗材。3D 打印所需的原材料的储存和配送，将会成为物流企业争抢的"香饽饽"。

3. 仓储职能弱化

当产品能够通过 3D 打印生产出来时，生产型企业将会主要采用按需生产的模式，也就不会像过去那样，提前建立大批量的标准化的产品库存。

这一变化将使生产下线产品的库存水平大幅降低。同样，生产型企业也将随之减少对相应上游库存的依赖，这最终会导致那些过去连接供应链上各个节点的物流企业的仓储职能逐渐弱化，比如仓储面积减少、库存周转速度加快。

4. 供应链下游物流业务缩减

定制生产战略将从根本上影响制造商与批发商和零售商之间的关系。在不久的将来，消费者的购物体验也将大为不同。

在某些行业，零售商将退出市场，或者成为制造商的产品展厅，它们不需要持有任何库存，也就不需要建立配送中心仓库。所有的订单都由制造商直接生产完成，然后把产品发送给客户。

11.4.6 机器人

市面上有很多以人形机器人为主角的科幻电影，比如《终结者》系列、《机器人与弗兰克》《机器管家》等。银幕中的机器人的形象，代表了人类对未来机器人发展的一种幻想。

现代意义上的人形机器人也叫仿人机器人，顾名思义就是模仿人类创造的机器。从 1973 年世界上第一款人形机器人 WABOT-1 诞生到现在，该领域已经涌现了本田阿西莫（ASIMO）机器人、波士顿动力公司的 Atlas 机器人、Aldebaran Robotics 公司的 NAO 机器人、Agility Robotics 公司的 Cassie 机器人等众多优秀的人形机器人。其中有些机型已经初步实现商业化，但是从整个行业来看，这一领域仍然处于"实验室"阶段[17]。

人形机器人未来将主要用来填补劳动力缺口，执行危险、重复或太无聊而人们不愿意从事的工作。

当人形机器人的软硬件技术逐渐成熟及成本足够低时，人形机器人非常有可能进入物流行业。现阶段，仓储物流企业在运营过程中对人的依赖性非常大，未来人形机器人的加入，将会有效地缓解仓储物流企业的"用工荒"。

除了人形机器人之外，工业机器人领域的发展也比较迅速。

比如，波士顿动力公司专为仓库和配送中心设计的机器人 Stretch，配备了紧凑型全向移动底座、定制设计的轻质臂，以及具有先进传感和控制功能的智能夹具，能够处理各种类型和尺寸的盒子，可以像有经验的仓库工人一样快速地将沉重的箱子搬到需要的地方。Stretch 可以以每小时 800 个箱子的速度将重达 50 磅（约 23 千克）的箱子从卡车后面转移到传送带上，且持续工作 16 个小时后才需要充电 [18]。

机器人正在悄悄地取代人力，这算是"降维打击"，机器人的精度更高、速度更快、全年无休、指哪儿打哪儿。对于绝大多数物流行业的从业者来讲，其应该具备危机意识，多多学习，努力提高自身的认知水平和技能水平。

但我们也不必太过焦虑，一方面，机器人替代完成的大部分是重复的、偏体力性的劳动，我们可以去做更重要的能发挥人的主观能动性的事情；另一方面，产业升级会带来一些新的岗位，提供新的就业机会。

第12章
▼
传统仓储物流企业的科技化升级之路

先进的物流技术让人热血沸腾，有了技术的加持，仓储业务管理一定可以再上一个台阶。除了仰望星空，我们还要脚踏实地。智能化物流设备的投入，绝不是拍脑门就能决定的，需要平衡各种因素。头部企业用得好的，对中小企业而言未必合适。

本章将讲解智能物流仓库在传统中小企业中为什么无法普及，面对资金压力、业务局限、变化的外部环境，大范围推广智能物流仓库不现实，小范围地引入一些自动化或者智能化的设施设备或许是不错的选择。

12

12.1　智能物流仓库为什么无法普及

很多智能化的物流设备及先进的技术，已经投放到了大型的电商仓库中，可是反观大部分传统物流仓库，你可能会心存疑惑——为什么这些传统物流仓库的智能化程度如此之低？影响传统物流仓库实现智能化升级的因素如图 12-1 所示。

资金压力
自动化立体仓库的投入成本过高，即使单纯引入智能化设备对大部分企业而言，都要面临很大的资金压力，更别提后期的维护、升级、保养

业务局限
跟物流地产商的合同周期和跟甲方的合同周期较短，智能化设备的折旧费用无法在合同周期内分摊掉，部分货物并不适合存放在智能仓库

外部环境
先进的技术和其对应的成本还没达到被市场上大多数企业接纳的平衡点、劳动力市场上尚未出现严重的体力劳动者的用工荒

图 12-1　影响传统物流仓库实现智能化升级的因素

12.1.1　资金压力

1. 投入成本

相信你也看到了，各大电商智能仓库在"秀肌肉"，展示各种先进的流水线、分拣线、智能机器人等。

这种智能仓库所需要的资金投入，可不是一般的企业所能承受得了的。我在 2013 年曾经参与过一个占地 10 万平方米，其中仓库面积为 6 万平方米的丙二类仓库的规划建设。不考虑地面上安装货架的成本，只是从拿地到仓库建成，就花费了 2 亿多元。仅这一笔费用，很多物流企业就拿不出来，更别提仓库建成后再继续追加投资购买智能化设备了。

好在随着分工的专业化，有了专门的物流地产商，他们专门为那些资金实力不够，却也需要仓库的物流企业或者其他制造或贸易型企业提供仓库租赁服务。

有了物流地产商的场地支持，对于仓库的使用方来说，其只需要支付每月的租金，确实是减少了一大笔资金的占用。那其是不是就可以放开手脚购买智能化设备了呢？如果租赁的仓库面积较小（几千平方米），购买少量的智能化设备带来的资金压力倒是不太大。但如果租赁的仓库面积较大（几万平方米），且要实现全面自动化，在智能化设备上的投入至少需要数亿元。

2. 维护成本

企业投入了大量资金建设立体仓库、自动分拣线购买 AGV 等智能化设备，大大提高了物流仓储的运营效率。如何通过管理和运维，保障整个自动化系统的稳定性及自动化设备工作的连续性，成为物流仓储运营管理部门首要关注的问题。

设备的投入成本是能够看得见的显性成本，随着智能化设备的运行，还会涉及后续使用过程中的成本，比如设备维修、维护成本，这部分的成本是不能忽视的，具体包括维修保养人员的人工成本、设备易损件的采购成本、设备保养的物料采购成本、设备软件系统的升级成本等。

12.1.2 业务局限

1. 合作周期

假设，企业的资金实力还算不错，有没有建设智能仓库的可能？不一定。

以第三方物流企业为例，很多时候，甲方会把物流业务外包给第三方物流公司，外包的业务包括仓储管理、运输管理、配送管理、二次包装等。目前，对于甲方跟第三方物流企业的合同周期，以我所了解到的，1 年是常态，3~5年就算是很长了，而且5年的合同通常会设计成"3+2"的合同，第三方物流企业要承担第4至第5年的合同撤销风险。

假设，甲方跟第三方物流企业商量了一下，保证合同周期为5年，条件是第三方物流企业建设一个智能仓库。那么，在设计阶段，第三方物流企业肯定会基于目前合作的甲方的货物信息及订单情况进行设计。但是5年以后，合同到期，业务存在丢失的风险，再加上对智能化设备的通用性的考虑，大部分第三方物流企业会选择保守策略，那就是，将所有的投资的回报周期设定为5年。

我们做个对比，电商企业因为仓库是自己建的，智能化设备也是自己花钱采购的，则仓库和智能化设备都算是电商企业的固定资产，那么，这些固定资产在财务上的折旧时间至少是10年（这里主要指那些大件的、高价值的智能化设备）。同样的总投入，电商企业按10年折旧，第三方物流企业按5年折旧。我们很容易就能得出，电商企业分摊到每个月的成本明显占优势。

即使甲方把合同周期延长至10年，第三方物流企业也会担心甲方的业务出现风险，或者其所在的行业出现了"黑天鹅"事件，第三方物流企业也就跟着遭殃了。

前面是从第三方物流企业跟甲方合同周期长短的角度考虑的，如果第三方物流企业使用的仓库非自建的，而是从物流地产商那里租赁的，那么，在考虑购买智能化设备时，第三方物流企业还要考虑其跟物流地产商的合同周期及违约风险。通常情况下，除非第三方物流企业的业务稳定且规模不断增长，否则很少敢跟物流地产商签订长周期的租赁合同。

2. 货物特点

不是所有的货物都适合存放在智能化仓库中，具体分为以下几种情况。

货物重量较大，比如每盘货物重量超过1吨以上；每箱/件货物的尺寸多样化且存在特殊尺寸的非标产品，比如建筑或者装修中用到的管材、板材；每盘货物堆码不稳定，即使使用拉伸膜保护也无法长时间存放，比如袋装的洗衣粉；产品的货值较低，比如瓶装的饮用水。

目前市场上比较常见的使用智能仓库存储货物的行业比较集中，比如烟草、电子元器件、医药等，以及部分电商企业的部分物流仓库（即使头部的电商企业，也存在大量的仓库未实现全面智能化）。

12.1.3 外部环境

未来，大部分传统物流仓库中会陆续出现一些智能化设备，相关条件在不断成熟，但还没有到大范围实施的程度，主要有以下两个方面的原因。

1. 技术因素

一项技术从诞生开始，到最后在市场上普及，通常是有一个过程的。

往往一个好产品要通过很多代的打磨，刚出来的时候大家都觉得惊艳，但不敢尝试，第二代友好了很多，但毛病依旧不少，直到第三代，才有较好的反响。

世界上第一台计算机诞生于 1946 年，它由近 18000 多根电子管组成，重约 30 吨，造价 48 万美元。现在的一台笔记本电脑的性能比那个时候的好太多，机身更加轻便，最主要的是，价格也更加平民化，通常几千元就能买到。

物流行业的先进技术也要经过这样的一个过程，只有技术不断成熟，成本降到一定程度以后，才会被市场中的大多数企业应用。

2. 劳动力市场

我们都知道物流行业是一个劳动密集型行业，现阶段物流市场上的体力劳动者（搬运工），大部分都是我们的父辈们。随着年龄的增长，他们会慢慢地从劳动力市场退出。那谁来接力？这是个很严肃的问题。

目前劳动力市场上的主力军是"80 后""90 后"他们在就业时，即使没有太高的文化水平，也完全不必像父辈们那样单纯地出售体力，而是有更多选择的余地，比如送外卖、送快递等。

除了从供给的角度思考，我们从人工成本的角度也能看出一些端倪。

人工成本几乎每年都在增长，前面我们提到过，企业为员工支出的不仅仅是工资成本，还有社会保险、公积金，以及其他的福利。人工成本逐年增长，甲方给出的采购价格却在不断下降，物流企业的利润空间被不断压缩。

一方面，很多人不愿从事物流行业的工作，尤其是不愿意成为重体力劳动者，市场的供给减少；另一方面，人工成本在逐年增加，企业的经营压力变大。未来的3~5年，物流市场就有可能会出现体力劳动者的"用工荒"。

这两方面因素的影响促使很多的用工企业开始了用设备替代人力的探索。那些为物流市场提供科技产品的企业所做的事情就是研发智能化设备，来替代物流行业中那些重复性的、重体力的工作。

使用智能化设备替代人力，这笔账实际上非常好计算，比如机器可以24小时作业而不需要三班倒，动作更加标准化、出错率低，每月的成本相对固定（折旧费用），即使后期涉及维修和保养，每年的费用增速也慢于劳动力市场的人工成本的增速。

总之，智能仓库之所以还未普及是存在各种原因的，比如来自投资和维护的成本压力，合同周期和货物特点带来的业务局限，技术因素和劳动力市场所处的外部环境，这些因素都会从不同程度影响到智能仓库的推进进度。

虽然智能仓库的普及不能一步到位，但是小范围地引入一些自动化或者智能化的设施设备确实非常有必要。未来是人机互联的时代，基于物联网技术，物流行业也会不断地升级，给社会带来更大的便利！

12.2 传统仓储物流企业如何借助科技升级

既然全方位推进智能仓库不太现实，那么，有没有可能借助科技的力量做一些小范围的升级改造呢？当然可以，下面将简单介绍一些能用得上的科技产品。

12.2.1 穿梭式货架

第 3 章曾对货架的类型做过一些简单的介绍，其中，驶入式货架和穿梭式货架属于密集式存储货架，都比较适用于存储品种少，且单一品种批量比较大的货物，比如食品、饮料、化工、烟草等。这一节，我将把穿梭式货架单独拿出来，跟常用的驶入式货架从多个维度进行对比。

1. 排位规则

驶入式货架。单个排位存储托盘的数量等于水平方向从前到后能存放的托盘数乘以垂直方向的货架层数。比如，一个 8 进深的排位，高 5 层，那么，该排位的设计存储能力就是 40 盘。

穿梭车货架。单个排位存储托盘的数量等于水平方向从前到后能存放的托盘数。比如，一个 8 进深的排位，其存储能力就是 8 盘，货架高 5 层，则会被命名成 5 个不同的排位。

2. 工作原理

驶入式货架。放货时，叉车司机驾驶叉车从排位的前端一直驶入排位的末端，然后升叉，将货物放在排位里面最上面那层，再后退、落叉，从排位中驶出，如此重复，直至把排位放满。取货时，叉车司机先取走排位最外面垂直方向上的所有货物，然后逐一取走排位里面的货物。

穿梭式货架。放货时，叉车司机将货物放在排位最前端的导轨上，然后使用叉车将穿梭车放到排位下面的轨道中，再通过无线电遥控穿梭车，将带盘货物从最前端移动到排位的末端，如此重复，直至把排位放满。取货时，如果该排位货物已放满，叉车司机可以直接用货叉将排位最前端的第一盘货物取走，然后将穿梭车放到目标排位的轨道中，再通过无线电遥控穿梭车，将第二盘货物移动至最前端，由叉车司机取走，然后逐一移动、取走排位上剩余的货物。

3. 存储能力和排位利用率

存储同样类型的货物，穿梭式货架的存储能力高于驶入式货架。为了便于理解，假设单个排位的存放托盘数量固定，比如每个排位存储15盘，穿梭式货架在水平方向上存放的托盘数量为15盘，驶入式货架（假设高5层）在水平方向上存放的托盘数量为3盘。穿梭式货架的存储能力较高的主要原因在于，单个排位在水平方向上存放的托盘数量越少，叉车通道的面积就会增大，货架的存储能力就越低。

排位利用率是一个动态变化的结果。我们不仅要关注收货过程中能不能一次性把排位放满，也要关注发货时能不能一次性把排位清空。另外，这里面涉及一个排位放货的规则，也是前提条件，即同一个排位存储同代码同批次的产品。单个排位的深度超出极限值以后，其排位利用率就会降低。

如果是对已经投入使用驶入式货架的仓库进行改造，两者的存储能力几乎没有太大的差别，但是穿梭式货架的排位利用率会更高。

4. 工作效率

排位的纵深越深，往驶入式货架和穿梭式货架上放货和取货的效率的差别越明显。

往驶入式货架上取货和放货的效率依赖于叉车司机的驾驶技能、作业的照明亮度等，驾驶技术好的叉车司机，其取货和放货的效率较高，而驾驶技术一般的叉车司机取货和放货的效率偏低。穿梭式货架因为使用穿梭车完成排位带盘货物的平行移动，动作标准化且不同的叉车司机取货和放货的效率几乎不存在波动。

5. 成本投入

相比较而言，穿梭式货架的投入成本更高。两种货架单个托盘位的投入成本，依据材料的不同，穿梭式货架比驶入式货架高20%~30%。

前移式叉车在这两种货架中是通用的，只是穿梭式货架需要额外增加穿梭车。

现阶段，穿梭车主要分为国产和进口两种，其中，进口穿梭车虽然运行更稳定，但采购和后期维护的成本更高，建议企业在采购时进行综合考虑。

6. 能否改造

对于有的仓储项目，企业在设计仓库布局时考虑的是驶入式货架，且已经投入使用了几年时间，那么其是否可以在现有驶入式货架的基础上进行原地改造，从而降低成本呢？从技术的角度看是可行的，但也并非我们想的那么简单。我们在改造时需要关注以下几点。

第一，继续使用。早些年生产的驶入式货架，对立柱孔距的要求不严格，如果在保证孔距高度精准的情况下，原有驶入式货架的立柱可以继续使用，不过，还要在立柱底部增加调节高度的地脚。其他的部件，除立柱外，如横撑、斜撑、牛腿、牛腿梁、顶梁等，几乎都没有继续使用的可能。

第二，风险层面。旧立柱使用时间长了，改造时，要仔细检查其有没有变形，变形的立柱要及时替换成新的。另外，关注旧立柱的荷载是否能够满足穿梭式货架的荷载要求，即使满足荷载要求，也要评估之前使用过程中是否造成了原本配置的荷载能力衰减。

第三，成本投入。原地改造节省了立柱的采购成本、运输成本和安装成本，拆下来的不再使用的货架部件可以卖掉，但是拆改需要人工作业，涉及人工成本的增加；其次，改造只是在原有布局的基础上操作，货架的存储能力不会有太大的变化。

所以，如果我们打算对现有驶入式货架进行原地改造，需要对改造和重建（推倒重建或者新租仓库）两者的投入产出比、风险等因素进行综合考虑后再做决定。

12.2.2 叉车数字化智能管理平台

大型的仓储业务通常要配置几十辆叉车，不管是采购还是租赁，对于企业而言都是一笔不小的开支。比如，有的高位叉车，其单台的采购成本可以买一台不错的宝马轿车了。对于仓储运营方而言，这么贵重的设备，更应该加强后期的管理，爱惜有加。如果管理不善，比如叉车倾倒、撞坏其他设施设备、造成人身伤害、产生维修费用等，每台叉车给企业带来的损失将会远远超出其采购成本。

传统的管理方式对人的依赖性较强，组件设备管理团队包括一个设备主管、几个维修保养人员，他们需要借助计算机上的电子表格，以及各种打印出来的记录表，做各种计划，填写各种记录，而且很多的记录还要叉车司机来填写。时间长了以后，依赖人的管理方式就会暴露出来很多的问题，比如叉车的车身发生了剐蹭，但找不到责任人；叉车到了该做保养的时间，却没有得到及时保养；叉车司机在通过人车混行区域时速度过快，碰到了库内人员等。

叉车运行中出现的问题，有些可以通过强化对人的管理来改进，但是有的不行。对于管理者而言，当然可以说这些问题频繁发生是设备主管的能力不行，但很多时候，换了设备主管也未必就能把问题从根本上解决，怎么办？推荐管理者使用叉车数字化智能管理平台，借助科技的力量为叉车管理保驾护航。下面对叉车数字化智能管理平台进行简单介绍。

1. 设备组件

设备组件分为车载硬件及软件系统两个部分。其中，车载硬件包括显示器、控制器、GPS/GSM天线、传感器（按需配置，比如碰撞相关的、速度相关的、重量相关的）、身份读取器、速度报警器、安全带显示、电瓶监控器等。

2. 主要功能

操作权限。管理者可对每台叉车设定相应的操作人员，如果仓库是两班倒，可以在每班各授权一个可以驾驶这台叉车的司机。只有授权的叉车司机才能通过刷卡或者其他的识别方式（如人脸识别或指纹识别等）登录系统。

启动检视。叉车司机登录系统后，车载显示器自动显示出叉车司机上车前需要做的各项车况检查，叉车司机下车围绕车身逐项进行检查，并将检查结果在系统中进行确认，确保即将运行的车辆符合各种安全要求。

安全带显示。跟驾驶轿车一样，驾驶叉车时，叉车司机也需要系上安全带，但是有的叉车司机会忘记或者觉得没必要系安全带。安全带显示将可以实现，叉车司机不系安全带，叉车就无法移动，同时，当安全带打开时，叉车会自动停下来。

碰撞管理。叉车司机在驾驶叉车过程中，如果因为疲劳驾驶或者操作失误造成碰撞，系统会自动记录碰撞发生的时间、作业人员、位置，以及撞击程度，同时，将相关信息以邮件或者其他形式发送给管理者。这样就避免了靠人来管理时，无法找到叉车发生碰撞时的责任人的问题。

速度定位。对于库内人车混行的区域，以及作业人员比较集中的区域（收货暂存区、发货备货区），系统可通过 GPS 和速度定位功能，提前设定叉车在不同区域的限速。当叉车司机到达该区域时，对于实际行驶速度超出限速的，系统会进行干预，使叉车强制减速。

档案管理。系统会记录叉车的生产、维修、保养、报废等各个节点的数据以及相关的记录，比如当管理者在系统内提前设定保养计划后，临近保养时间时，系统会自动发出提醒；当年检时间到了后，系统也会自动发出提醒等。

报表管理。叉车在运行过程中，系统会从各个维度收集和记录数据，并基于数据生成各种报表（根据需要开发，提前设计报表模板）。比如，从系统中下载叉车的维修记录报表，管理者可以对比哪些叉车的维修费用较高，然后进一步分析费用较高的叉车的运行情况，找到原因，再对其针对性地解决。

12.2.3 智能 AGV

自动化背景下，那些传统的由人工驾驶的叉车，可以通过改装升级成为 AGV，通过有反激光导航和无反激光导航两种方式满足一定的自动化需求。目前比较前沿的是 AMR，但技术还不太成熟。

AGV 与传统叉车相比，其最大的特点在于无须由叉车司机驾驶，可基于叉车上配置的智能化软件系统及硬件设备，实现 24 小时自动完成各种搬运和运输工作。目前，市面上常见的 AGV 主要分为 5 种：牵引式 AGV、堆垛式 AGV、前移式 AGV、托盘搬运式 AGV、平衡重堆垛式 AGV。AGV 跟传统叉车的区别主要体现在以下几点。

1. 安全性高

AGV 上配置了紧急接触安全装置、自动报警装置、紧急停止按钮装置、物体探测器等多种保护装置，可避免对仓库内其他工作人员造成伤害，以及避免对仓库、其他设备及建筑物的撞击，降低叉车作业中的风险。当路线上有障碍物或行人时，AGV 会自动停车或让路，减少了运行过程中因搬运产生的颠簸和损坏，确保运输到指定地点时货物状态的完好性，大大降低了人工驾驶叉车作业时的安全隐患。

2. 运行稳定

AGV 就是冷冰冰的设备，基于系统内设定的规则执行每一步的动作，不会像人工驾驶叉车那样，因为司机情绪不佳、犯困等，影响作业的质量，同时，AGV 的动作更加标准化、规范化，不会存在驾驶技能不熟练的问题。

3. 成本节约

AGV 在运行过程中，无须人工参与，可 24 小时作业，省去了叉车司机的人工成本；其折旧费用，不会像以往雇叉车司机时，每年因人工成本的上涨而波动；因为动作的标准化及防御性的驾驶行为，AGV 避免了传统模式下因叉车司机操作失误造成的各种损失。从长远来看，部分品牌的 AGV 的成本是低于"叉车司机 + 叉车"的成本的。

4. 环境多样

传统叉车所运行的环境，AGV 基本上都能适应，同时，AGV 还具有以下特点，比如不受仓库内的温度影响，即使在严寒或酷暑环境下也能正常工作；对光线条件要求不高，即使在很差的照明环境下也能正常工作；不受仓库内存储货物是否会对人体产生有害影响的限制。

参 考 文 献

[1] [美]Project Management Institute：《项目管理知识体系指南（PMBOK指南）第六版》，电子工业出版社 2018 年 4 月出版。

[2] [美]Project Management Institute：《项目管理知识体系指南（PMBOK指南）第六版》，电子工业出版社 2018 年 4 月出版。

[3] [美]斯蒂芬·罗宾斯/[美]蒂莫西·贾奇：《组织行为学（第 18版）》，中国人民大学出版社 2020 年 11 月出版。

[4] [美]芭芭拉·明托：《金字塔原理》，南海出版公司 2019 年 4 月出版。

[5] [美]Project Management Institute：《项目管理知识体系指南（PMBOK指南）第六版》，电子工业出版社 2018 年 4 月出版。

[6] [美]Project Management Institute：《项目管理知识体系指南（PMBOK指南）第六版》，电子工业出版社 2018 年 4 月出版。

[7] [美]乔瑟夫·勒夫特/哈里·英厄姆，于 20 世纪 50 年代提出。

[8] [美]马歇尔·卢森堡：《非暴力沟通》，华夏出版社 2009 年 1 月出版。

[9] 中华人民共和国公安部：《建筑设计防火规范（GB 50016—2014）》（2018 年版），中国计划出版社 2018 年出版。

[10] 中国机械工业联合会：《厂房建筑模数协调标准（GB/T 50006—2010）》，中国计划出版社 2011 年出版。

[11] ISO 6780：2003（Flat pallets for intercontinental materials handling-

Principal dimensions and tolerances，洲际物料输送用平托盘·主要尺寸和公差），2003 年 12 月 1 日发布。

[12] 中国机械工业联合会：《通用用电设备配电设计规范（GB 50055—2011）》，中国计划出版社 2012 年出版。

[13] 中华人民共和国公安部：《建筑灭火器配置设计规范（GB 50140—2005）》，中国计划出版社 2005 年出版。

[14] 杨宏远：《物流单元化的新开局者，她认定这是最后一次创业》，2018 年 12 月 3 日在公众号《运联传媒》（现为"运联智库"）发布。

[15] 京东物流：《京东物流长沙"亚洲一号"百余台 5G "地狼" AGV 投用，运营效率再突破》，2022 年 6 月 24 日在公众号《京东物流》发布。

[16] 金玉然，戢守峰，李天柱，董晓东，刘小琴：《3D 打印对物流产业的影响及对策创新》（期刊论文），发布于《技术经济与管理研究》（2014 年第 8 期）。

[17] MIR 宋波：《当自动化市场谈论起特斯拉人形机器人 | MIR DATABANK》，2022 年 7 月 5 日在公众号《MIR 睿工业》发布。

[18] James Vincent：《Boston Dynamics unveils Stretch: a new robot designed to move boxes in warehouses》，2021 年 3 月 29 日在 www.theverge.com 上发布（The Verge 是一家美国科技媒体网站）。

[19] 吴军：《见识》，中信出版社 2017 年 12 月出版。

后 记

行文至此，我已经带你走完了仓储管理在项目管理阶段的整个过程。我们"逢山开路，遇水架桥"，从当初的"一无所有"到现在的"万事俱备"，项目成功了，每个参与项目管理的人都成功了。

供应链上的很多节点都涉及仓储管理活动，因为仓库功能定位不同——原材料仓库、配套成品仓库、分销中心仓库、配送中心仓库，以及仓库存储货物不同——汽车零配件、快消品、药品等，使得仓储管理活动在具体实践中千差万别。

但是，每个仓储业务都需要经过项目管理这个"从无到有"的过程，都需要从项目统筹、布局规划、结构搭建、流程设计到各项工作的落地执行。我把仓储项目管理中有共性的东西提炼出来，形成了本书的主要内容。

从业 10 余年来，我参与过十几个仓储业务的项目管理、运营管理和优化提升，深知项目管理对于整个仓储业务的重要性——任何在仓储业务项目管理阶段偷的懒、犯下的错，到了运营管理阶段都要花费大量的精力、物力、财力去弥补，甚至加倍偿还！

这就是我写作本书的初衷，希望本书能帮助企业规避一些不必要的风险，帮助物流人少走一些弯路。

学习完了仓储项目管理阶段的理论知识，我们尚需要经历无数次的项目实战，在实战中感受、磨炼、复盘、改进，这样才能一步一步成为理论和实操兼备的实战仓储物流人，成为业内的专家。

我是仓储管理的实践者，并不是专职的理论研究者，所以，本书就是想跟大家讲述我的实践心得，请不要把它当作专业教材来读。写大白话是我的强项，所以我试图以大部分人都能读懂的方式来讲仓储项目管理这件事。本书中所举的一些示例，仅供参考，大家在做仓储业务的规划设计和落地执行时，一定要结合企业的实际情况，绝不能生搬硬套。

为了能写好本书，又不影响到日常的工作，以及陪伴家里 2 岁的宝宝，我改变了原来的作息时间，从 2022 年 4 月中旬开始，每天早上 4：30 起床，抽出至少 1 个小时的时间，静下心来坐在书房里写下这些文字，大约 100 天的时间，我完成了本书的初稿。随后，我又用了约 60 天的时间，对初稿做了大量的修改和校正。

在撰写本书的过程中，我阅读了跟本书相关的书籍、期刊等，力求使此书的内容更加严谨、系统化。限于所经历的项目及能力，此书可能会有疏漏错误之处，真诚欢迎读者提出建议并与我一起探讨改进。

本书从最初的启动到成稿，得到了很多朋友的支持，感谢罗戈研究院长、物流沙龙联合创始人"水哥"（潘永刚）的引荐，感谢人民邮电出版社编辑马霞、刘姿、王文彬老师在不同阶段给出的建议和指导以及所有为此书辛苦付出的老师们。感谢天津大学管理与经济学部教授、博士生导师、EMBA 项目主任、原物流与供应链管理系主任赵道致，中外运物流有限公司总经理助理、深圳市恒路物流股份有限公司董事长李德亮专门为此书作序推荐。感谢仓库社区创始人、广东合仓科技有限公司总经理刘雪推荐。感谢程鹏、陈杰、傅宇彤、齐环宇、王广柱、许爽、张明成等提供的帮助和支持！感谢在我职业生涯发展的不同阶段，中外运的刘洋、陈旭光、李鹏几位领导给予的机会、辅导和帮助！

谨以此书献给我美丽大方的妻子胡嫒嫒和活泼可爱的女儿，以及我的父母，感谢他们在我写作过程中给予的鼓励和各种支持！

在仓储项目管理阶段，我们实现了"从无到有"的突破，为开仓运作打下了坚实的基础，接下来，我们将乘风破浪，顺利进入运营管理阶段。

在运营管理阶段，如何做好基础管理、如何进行优化提升，实现"从有到优"？仓储物流人如何找到自己的价值所在，如何规划自己的职业生涯？这将是接下来的写作规划中（本书的姊妹篇），我想与大家重点探讨的话题。感谢大家的关注，让我们一起期待！

本书的内容是有限的，但个人成长是无限的。愿本书能带给你力量，让你的职业生涯发展得越来越好，不断走上新高度！

工作之余，我也会在"物流川说"公众号上发布一些日常的思考和总结，针对此书的新想法和对大家的建议的反馈，我也会定期在公众号上发布，欢迎大家关注。

冯银川